Bill & Pam Farrel

Zu zweit unterwegs

58 Impulse für Ehepaare

Bill & Pam Farrel

Zu zweit unterwegs

58 Impulse für Ehepaare

cap-books

Bestell-Nr.: 52 50469
ISBN 978-3-86773-222-2

Oberer Garten 8, D-72221 Haiterbach-Beihingen, 07456-9393-0
info@cap-music.de
www.cap-books.de

Originaltitel:
A COUPLE'S JOURNEY WITH GOD

Published by Harvest House Publishers, Eugene, Oregon 97402
www.harvesthousepublishers.com

Übersetzung: Annika Fingerloos
Umschlaggestaltung: Rebecca Tetzlaff, cap-books
Fotonachweis: Africa Studio/Shutterstock
Printed in Germany

Inhaltsverzeichnis

Für Brock & Hannah, Zach & Caleigh.

Eure Liebe zueinander hat schon viele Menschen dazu ermutigt,
Gott ernst zu nehmen.
Wir wissen, dass ihr die Liebe, die wir euch geschenkt haben,
weitergeben werdet, und wir sind Gott sehr dankbar
für unsere lieben Schwiegertöchter.
Haltet fest an eurer Liebe, so wie Gott euch liebt,
dann wird Er euch reich beschenken.
Genießt die gemeinsame Zeit – unterwegs mit Gott!

„Denn der Herr ist gut zu uns, seine Liebe hört niemals auf,
von einer Generation zur anderen bleibt er treu." (Psalm 100,5)

„Wir wollen es unseren Kindern nicht verschweigen.
Auch die kommende Generation soll hören von der Macht des Herrn,
von seinen Wundern, von allen Taten, für die wir ihn preisen." (Psalm 78,4)

Wir danken dem Harvest House Verlag und unserer Lektorin Kathleen Kerr.
Mit euren Büchern helft ihr den Menschen in ihren Beziehungen.
Gott segne euch dafür.

1. Tag

Gemeinsam auf dem Weg

Gott, wenn du doch Gelingen geben wolltest zu meinem Weg, auf dem ich gehe!

1. Mose 24,42 (ELB)

Wir wissen, was es heißt, als Paar gemeinsam unseren Weg zu gehen, denn wir sind seit 32 Jahren glücklich verheiratet. Seit über 20 Jahren bieten wir Ehekurse an. Dafür sind wir durch die ganze Welt gereist und haben inzwischen über eine Million Flugmeilen gesammelt.

Das Reisen kann Ihnen eine große Hilfe sein, wenn Sie Ihre Beziehung stärken wollen. Alltägliche Reisekomplikationen spiegeln eine durchschnittliche Ehe zeitlich komprimiert wider. Sie können einen Jetlag haben, wissen nicht, wann Sie Ihre nächste Mahlzeit einnehmen werden, Ihr Flug ist verspätet oder wird gestrichen und vielleicht müssen Sie ständig mit Ihrem schweren Gepäck umsteigen.

So, wie Ihnen ein erfahrener Flugbegleiter mit Ihrem Handgepäck behilflich ist, möchten wir unser Wissen, das wir bei unseren letzten Reisekilometern erworben haben, mit Ihnen teilen.

Eine gute Ehe ist wie eine Direktverbindung. Mit dem ICE gelangen Sie ohne Zwischenstopp von Berlin nach Hamburg. Als Sie sich das Ja-Wort gaben, bis dass der Tod Sie scheide, haben Sie sich Ihren Reisegefährten fürs Leben ausgesucht. Mit der Frau oder dem Mann, den Sie heiraten, sollen Sie Ihr ganzes Leben verbringen. So hat Gott es für uns Menschen vorgesehen.

Eine gute Ehe ist wie eine Kreuzfahrt. Manchmal geben wir Seminare auf Kreuzfahrtschiffen. Auf solchen Reisen gehen wir gern an den Häfen von Bord, um uns die Orte näher anzusehen. Dafür ist genügend Zeit eingeplant, denn ein Kreuzfahrtschiff ist ja kein Motorboot. In einer guten Ehe ist Zeit für Romantik, Zeit zum Entspannen und Zeit, um einfach die Anwesenheit des Partners zu genießen. Wenn Sie und Ihr Partner sich Zeit für eine „Kreuzfahrt" nehmen, bleibt Ihre Liebe stark, denn Sie werden die Zeit finden, um sich daran zu erinnern, warum Sie sich ineinander verliebt haben.

Eine gute Ehe ist wie ein Langstreckenflug. Da ist es sehr wahrscheinlich, dass Sie mehrmals umsteigen müssen. Oft geschehen unvorhergesehene Dinge, Flüge werden umgeleitet, gestrichen oder Ihr Gepäck geht verloren. Also müssen Sie flexibel sein, sich den Gegebenheiten anpassen und sich eine positive Lebenseinstellung bewahren, auch wenn Sie müde sind und Hunger haben. So ist es auch in der Ehe.

Auf Ihrem Lebensweg werden Sie Unvorhersehbares erleben. Jedes Paar muss sich Veränderungen stellen, sei es, dass es Kinder bekommt oder gemeinsam alt wird. Dabei können überraschend Krankheit, finanzielle Probleme oder Erziehungsprobleme auftreten. Vielleicht brauchen Sie eine Weile, bis Sie sich in diesem Neuland wieder orientiert haben. Aber wenn Sie sich an die Situation anpassen, können Sie zu den aufregendsten Orten reisen und dabei tolle gemeinsame Erfahrungen sammeln!

Eine gute Ehe ist wie eine Rucksacktour durch die Alpen. Manchmal scheint die Ehe wie ein anstrengender, steiler Aufstieg, bei dem Sie einen schweren Rucksack schleppen. Mit jedem Jahr der Ehe und Kindererziehung wachsen Ihre Verpflichtungen. Trotzdem werden Sie viele gute Erfahrungen sammeln, wenn Sie gut vorbereitet sind und das Richtige für Ihre Reise eingepackt haben.

Dieses Buch ist wie eine Reise. Sie können für diese Reise beten. Wir möchten Ihnen Gottes Segen auf Ihrem Weg zu einer innigeren Liebe zusprechen. Beten Sie diese Segensworte für Ihren Partner oder beten Sie gemeinsam:

Der HERR segne dich und behüte dich;
der HERR lasse sein Angesicht leuchten über dir
und sei dir gnädig;
der HERR hebe sein Angesicht über dich
und gebe dir Frieden.

(4. Mose 6,24-26; LUT)

2. Tag

Ein gutes Leben

Darin wird mein Vater verherrlicht,
dass ihr viel Frucht hervorbringt und meine Jünger werdet.

Johannes 15,8 (NLB)

Wir wohnen in Julian in Kalifornien. Dieser Ort ist bekannt für seinen Apfelanbau, Apfelfeste und Apfelkuchen. Wenn Bäume gute Früchte tragen, kann ein ganzer Ort blühen! Haben Sie schon mal Früchte geerntet? Ich, Pam, bin auf einem Bauernhof aufgewachsen, umgeben von Apfelbäumen. Im Herbst war es die Aufgabe der Kinder, die Äpfel zu ernten. Ich habe beim Apfelpflücken die Natur beobachtet. Manche Bäume trugen eine reiche Ernte. Die Äpfel waren süß und saftig und unsere Körbe waren bis zum Rand gefüllt.

Bei so manch anderem Baum fiel die Ernte äußerst schlecht aus, manche Früchte waren faulig und andere trugen gar keine Früchte.

Ein Freund sagte uns einmal: „Wenn ich mir euer Leben ansehe, dann denke ich, dass ihr alles richtig gemacht habt, denn eure Entscheidungen für eure Ehe, eure Familie und eure Umgebung haben gute Früchte getragen." Wow, ein schöneres Kompliment kann man nicht bekommen. Das hat uns sehr gestärkt, denn wir beten jeden Tag gemeinsam als Paar: „Jesus, bitte hilf uns, mit dir so verbunden zu sein, dass wir gute Früchte tragen." An unseren Kindern und unserer Arbeit sehen wir, dass Gott unsere Gebete erhört hat.

Jesus spricht von verschiedenen Früchten:

> *„Denn es gibt keinen guten Baum, der faule Frucht trägt, und keinen faulen Baum, der gute Frucht trägt. Denn jeder Baum wird an seiner eigenen Frucht erkannt. Man pflückt ja nicht Feigen von den Dornen, auch liest man nicht Trauben von den Hecken. Ein guter Mensch bringt Gutes hervor aus dem guten Schatz seines Herzens; und ein böser bringt Böses hervor aus dem bösen. Denn wovon das Herz voll ist, davon redet der Mund."* (Lukas 6,43–45; LUT)

Was unterscheidet also den Baum, der gute Früchte trägt, von dem, der Böses hervorbringt? Und wie können Sie eine Beziehung führen, die gute Früchte trägt?

Die Wurzeln: Ein Baum, der gute Früchte trägt, ist tief in Gott verwurzelt. Gott hat Sie beide geschaffen, also weiß er auch, wie er Ihre Beziehung am besten stärken kann. Machen Sie einen Anfang, indem Sie Jesus die Führung über Ihr Leben anvertrauen. Setzen Sie Christus an das Steuer für Ihr Leben und Ihre Ehe.

Der Stamm: Ein Baum, der gute Früchte trägt, zieht seine Nährstoffe aus den Wasserbächen, wie es in Psalm 1,3 steht: *„Der ist wie ein Baum, gepflanzt an den Wasserbächen, der seine Frucht bringt zu seiner Zeit, und seine Blätter verwelken nicht. Und was er macht, das gerät wohl.“* All das, was Sie als Paar gemeinsam in Ihre Beziehung investieren, ruht auf dieser Grundlage.

Die Zweige: Ihre Liebe trägt Früchte, wenn sie auf Ihren Partner ausgerichtet ist. Ein guter Ehepartner hat die Absicht, das zu tun, was für den Partner am besten ist. Wenn Sie beide das tun wollen, was für den anderen gut ist, verzweigt sich Ihr Liebesbaum und wird stark.

Die Blätter: Sie werden unter der Krone eines Früchte tragenden Baumes Schutz finden und zur Ruhe kommen. So, wie ein Baum Ihnen Schatten an einem heißen Tag spendet, wird die gegenseitige Achtung vor dem anderen Ihre Liebe bewahren. Seien Sie jeden Tag freundlich, aufmerksam, romantisch. So wird Ihre Ehe die Früchte „Gemeinschaft", „Respekt", „Erfolg", „gut geratene Kinder", „finanzielle Sicherheit" tragen und Sie werden mit Hoffnung, Freude und gemeinsamen Erinnerungen gesegnet werden.

Ein Baum, der, wie in der Bibelstelle, keine oder „faule" Früchte trägt, ernährt sich von Eigenliebe, Eigennutz und Selbstbefangenheit. Als Paar kann man leicht beten: „Segne uns!" und sich dabei schnell in seinem Eigennutz isolieren. Leider haben wir Paare erlebt, die so mit Wohlstand, Macht und weltlichem Erfolg beschäftigt sind, dass der eine den anderen bei Krankheit oder Problemen verlässt, um seine eigenen Träume nicht zu gefährden. Der andere ist dann am Boden zerstört.

Egoistische Paare haben oft auch ich-bezogene Kinder, die kaum Zeit mit ihren Eltern verbringen. Wenn Sie Ihre Kinder für Ihre Karriere und Geld vernachlässigen, können Sie sich darauf gefasst machen, im Alter allein zu sein.

Meistens ist Geld nicht das Problem, es ist ja nur ein Mittel zum Zweck. Geld und Konsumsucht nehmen jedoch leicht einen Platz in unserem Herzen ein, den Jesus füllen möchte.

Welche Früchte soll Ihre Liebe tragen? Mit jedem Tag, den wir mit Jesus gehen, erhöht sich die Wahrscheinlichkeit, dass unser Leben gute Früchte trägt. Gott möchte seinen Segen kübelweise über Sie beide ausgießen. Was möchten Sie verändern und welchen Weg wollen Sie gehen, um diesen Segen zu empfangen?

HERR, komme spürbar mit deiner Liebe in unsere Beziehung. Hilf uns, für unsere Mitmenschen reichlich Frucht zu tragen. Amen.

3. Tag

Schatz, lass uns kuscheln!

Wach auf, Nordwind, und komm, Südwind! Lass duften meinen Garten, lass strömen seine Balsamöle! Mein Geliebter komme in seinen Garten und esse seine köstlichen Früchte!

HOHESLIED 4,16 (ELB)

Jedes Paar braucht ein Schlüsselwort – ein Wort oder einen Satz, der Ihrem Partner vermittelt, dass Sie mit ihm schlafen wollen. Das haben wir uns nicht ausgedacht, sondern das war Gottes Einfall. Im Hohelied Salomos lesen wir von der Braut, die mit ihrem Bräutigam flirtet. Dabei benutzt sie Metaphern:

Mein Geliebter ist in seinen Garten hinabgegangen zu den Balsambeeten, um in den Gärten zu weiden und Lilien zu pflücken. Ich gehöre meinem Geliebten, und mein Geliebter gehört mir, er, der in den Lilien weidet. (Hoheslied 6, 2–3; ELB)

Das Hohelied enthält viele Verschlüsselungen. Um die junge Generation zu schützen, benutzte der Autor doppeldeutige Metaphern, die nur die Erwachsenen verstanden. Die Begriffe *Garten* oder *Blumen*, wie z. B. die eben genannten Lilien, stehen dabei für die Geschlechtsteile der Frau. Die Braut lädt ihren Ehemann dazu ein, sie heiß und innig zu lieben. Wir haben Ihnen hier einmal ein paar Beispiele für Schlüsselwörter mitgebracht:

Ein Pastor und seine Frau haben uns ihr Schlüsselwort verraten. Als ihre Kinder klein waren, ging es in ihrem Leben drunter und drüber. Die Schwester des Ehemannes war Single und passte regelmäßig an einem Abend in der Woche auf die Kinder auf, damit das Paar mal ausgehen konnte. Meistens fütterten sie die Enten am Flussufer und redeten dabei über Alltagsthemen.

Als der Mann die Kinder bei seiner Schwester abholte, fragte diese: „Na, wie war's?"

Ihr Bruder antwortete: „Wir haben geredet und die Enten gefüttert."

„Ach, ihr habt also die Enten gefüttert, ja?" Sie musste schmunzeln, denn sie hielt das „Entenfüttern" für ein Schlüsselwort für Sex.

Später erzählte er seiner Frau von der Unterhaltung, die ihn daraufhin mit einem Grinsen im Gesicht fragte: „Na, wollen wir noch mal die Enten füttern?"

Von da an hat dieses Ehepaar immer wieder gerne „die Enten gefüttert".

Bei einer christlichen Konferenz in den Südstaaten der USA wurde einmal ein Fragespiel gespielt. Dabei lautete eine Frage: „Welche Art von Date ist Ihrem Ehemann am liebsten?" Eine Frau antwortete: „Wenn wir Essen gehen und dann zeitig wieder zu Hause sind." Eine andere Frau meinte: „Wenn wir ins Kino gehen und dann zeitig wieder zu Hause sind."

Danach wurden die Ehemänner gefragt, die von den Antworten ihrer Frauen nichts wussten. Einer der Männer beantwortete dieselbe Frage so: „Unser bestes Date haben wir, wenn wir ins Kino gehen, anschließend essen und dann zeitig wieder zu Hause sind. Wir zünden ein Feuer im Kamin an und werden auf der Couch Feuer und Flamme füreinander. Dann wird es richtig heiß." Da wurde mir Folgendes klar: Wenn eine Südstaaten-Schönheit sagt, „Wir müssen zeitig wieder zu Hause sein", dann bringt das einen Mann irgendwo im Süden zum Strahlen.

Ein anderes Paar hatte beschlossen, jedes Mal, wenn sie miteinander Sex hatten, einen Dollar ins Sparschwein zu stecken und so für ihre zweiten Flitterwochen zu sparen. Oft kam er von der Arbeit mit den Worten: „Ich habe hier einen Dollar." Dann antwortete sie: „Ich weiß, wie wir ihn ausgeben können." Und schon waren sie im Schlafzimmer. Sie hatten sich ein Ritual geschaffen, und so ging es nun Woche für Woche und das jahrelang. Wenn ihr im geschäftlichen Meeting langweilig wurde, musste sie nur einen Ein-Dollar-Schein über den Tisch schieben und schon war das Meeting beendet. Jahr für Jahr spielten sie dieses Dollar-Spielchen, hatten damit ein mehr als nur befriedigendes Sexleben und konnten dabei zusehen, wie ihre Ersparnisse für die zweiten Flitterwochen immer größer wurden. Ihre Goldene Hochzeit verbrachten sie schließlich ein paar Wochen auf Hawaii. Sie wohnten in Luxushotels, besuchten die nobelsten Restaurants und unternahmen gemeinsam die aufregendsten Dinge. Nach ihrer Reise holte ihre Tochter sie ab und sagte später: „Bei der Gepäckrückgabe nahm mein Vater einen Ein-Dollar-Schein aus dem Portmonnaie, reichte ihn meiner Mutter und fragte: ‚Sparen wir jetzt für Mexiko?'" Und alles fing mit nur einem Dollar an.

HERR, hilf uns dabei, kreativ miteinander zu flirten, Feuer und Flamme füreinander zu bleiben und mach so unsere Ehe fest. Amen.

4. Tag

Wellness in der Ehe

Willst du uns nicht wieder beleben, dass dein Volk sich in dir freue? Lass uns, HERR, deine Gnade sehen, und gib uns dein Heil!

PSALM 85,7-8 (ELB)

Belebend! Bei diesem Wort fallen uns Wellness-Bäder, Massagen, gesunde Ernährung und ein Mittagsschlaf am Wochenende ein. Die Wellnessbranche wächst stetig. Am Kiosk finden wir zahlreiche Magazine über Beauty und Gesundheit. Drogerien sind gefüllt mit Nahrungsergänzungsmitteln und Vitaminen.

Aber Gott ist einen Schritt weiter, denn er hat uns Paaren lebenslange Wellness zur Hochzeit geschenkt – den *Sex*. In unserem Buch „*Red-Hot Monogamy*"[1] haben wir ein paar wissenschaftliche Erkenntnisse veröffentlicht, die Gottes großartigen Plan der Regenerierung in der Ehe stützen.

Sex in der Ehe ist gut für unser emotionales und körperliches Wohlbefinden, denn beim Sex schütten wir Endorphine aus und sind automatisch glücklicher.

Beim Sex werden Kalorien verbrannt. „Laut dem Kalorienzähler der Health-Status-Website werden beim Sex 250 Kalorien in der Stunde verbraucht – genauso viele Kalorien wie beim Spazierengehen. Zum Vergleich: In einer Stunde Schlaf verbraucht man 55 Kalorien und in einer Stunde Laufen 800 Kalorien. Bei gleichbleibender Ernährung und einer Stunde Sex am Tag würden Sie alle 14 Tage 500 Gramm abnehmen."[2] (Endlich eine Erfolg versprechende Diät!)

„Auch beim Küssen werden Kalorien verbraucht. Prof. Bryant Stamford von der Universität Louisville nimmt an, dass der Stoffwechsel bei einem leidenschaftlichen Kuss angeregt wird und man dabei sogar 2 Kalorien pro Minute verbrauchen kann. Rechnen Sie nach: 15 Minuten Küssen beschert Ihnen ca. 30 verbrauchte Kalorien. Wenn man sich 15 Minuten lang leidenschaftlich küsst, kann das natürlich auch zu anderen Aktivitäten der Fettverbrennung führen."[2]

Natürlich sollte Sex nicht unsere sonstigen sportlichen Aktivitäten ersetzen, aber er ist eine tolle Ergänzung zum Sport. Janet Lee hat auf ihrer Website festgehalten, wie viele Kalorien beim Sex verbraucht werden.

„Sagen wir mal so, wenn Sie Sex zu einem Teil Ihres ohnehin aktiven Lebensstils machen wollen, ist das natürlich gut. Aber wenn Sie darauf setzen, damit abzunehmen, müssten Sie mehrere Stunden am Tag miteinander im Bett verbringen. Laut dem „Health and Fitness Instructors Handbook" (Human Kinetics, 1997) erzielt eine Frau mit einem Gewicht von ca. 60 kg beim Sex einen Grundumsatz von 60–120 Kalorien pro Stunde (Werte beziehen sich jeweils auf Vorspiel und ausgelassenen Sex) und ein 80 kg schwerer Mann verbraucht 77–155 Kalorien pro Stunde. Verglichen mit den 600 Kalorien, die man bei einer Stunde Laufen verbraucht, ist Sex also nicht die effektivste Methode der Gewichtsreduktion. Wenn Sie auf der Couch sitzen, haben Sie denselben Energieverbrauch wie beim Vorspiel. Beim stürmischen Sex, der die Nachbarn wecken könnte, wird so viel Fett wie bei einem langsamen Spaziergang verbrannt. Aber wer rechnet das schon aus?“[3]

König Salomo und seine Frau haben erkannt, dass Sex neuen Schwung in die Ehe bringt. Sie haben sich – wie so viele andere Paare auch – ohne wissenschaftliche Studien intuitiv darauf verlassen, dass sie sich nach dem gemeinsamen Sex einfach besser fühlen. Die Ehefrau des Königs Salomo vergleicht Sex mit ihrem Nahrungsbedarf, indem sie sagt: *„Stärke mich mit Rosinenkuchen, erfrische mich mit Äpfeln, denn ich bin krank vor Liebe!“* (Hoheslied 2,5; HFA).

Sprechen Sie doch mal Ihre Termine mit Ihrem Ehepartner ab. Leben Sie in einem Rhythmus, der Ihnen oft die Gelegenheit gibt, sich durch Ihre gemeinsame Liebe zu stärken? Müssten Sie vielleicht ein wenig Tempo rausnehmen, sich neu verabreden oder eine romantische Atmosphäre schaffen?

Wenn Sie sich gerade auf eine Ehe vorbereiten, dann lassen Sie Romantik in Ihre Freundschaft einfließen (ohne Sex vor der Ehe zu haben). Damit schaffen Sie die Grundlage für ein liebevolles Miteinander in der Ehe.

Das Hohelied wurde schon oft auf zwei Ebenen ausgelegt. Zunächst beschreibt es die Liebesgeschichte zwischen einem Ehemann und seiner Ehefrau. Gleichzeitig ist es eine Metapher für Gottes Liebe zu seinem Volk. In beiden Auslegungen wird deutlich, dass eine Beziehung die Menschen aufrichten kann.

HERR, hilf uns bitte, uns so zu lieben, dass unsere Liebe und unsere Ehe gestärkt werden. Amen.

5. Tag

Blind radeln und vertrauen

Denn wir leben im Glauben und nicht im Schauen.

2. Korinther 5,7 (NLB)

Als wir frisch verheiratet waren, habe ich, Pam, als Sonderpädagogin gearbeitet. Bill und ich haben dem blinden Anton dabei geholfen, so viele Sportarten wie möglich auszuprobieren. Er wollte immer Baseball spielen, Fahrrad fahren, schaukeln und rutschen. Eines Tages haben wir uns ein Tandem ausgeliehen. Ich stieg vorne auf, Bill half Anton hinten aufzusteigen. Dann trat ich in die Pedale und Anton schrie vor Glück. Er fuhr völlig im Dunkeln. Anton zeigte mir damit, dass er mir vertraute. Zu genau solch einem Vertrauen ruft Gott uns Ehefrauen manchmal auf.

Als Gott Bill an das Talbot-Seminar berief, um Pastor zu werden, bedeutete das für mich als Farmmädchen nach Los Angeles zu ziehen. Ich war mir noch nicht einmal sicher, ob Gott in L.A. überhaupt anwesend war! Aber dann fiel mir Anton ein, der mir beim Tandemfahren vertraute. Da wurde mir klar, dass ich auf Bills Tandem aufspringen muss, das uns in das pulsierende Großstadtleben in Kalifornien bringen würde. So wollte Gott uns auf unseren vollzeitlichen Dienst vorbereiten. Ich muss zugeben, dass ich mich wie Sarai, die Frau von Abraham, fühlte. *Und der HERR sprach zu Abram: „Geh aus deinem Land und aus deiner Verwandtschaft und aus dem Haus deines Vaters in das Land, das ich dir zeigen werde!“* (1. Mose 12,1; ELB).

Können Sie sich vorstellen, welche Unterhaltung Abram und Sarai daraufhin führten?

„Sarai, Gott hat mir gesagt, dass wir umziehen werden.“

„Umziehen? Wohin denn?“

„Das weiß ich noch nicht, aber er wird es uns schon noch sagen.“

„Aha, und wann geht es los?“

„Jetzt geht es los.“

Sarai vertraute Abram und war bereit für den Aufbruch. Wer von uns würde seinem Partner so viel Vertrauen und Gehorsam entgegen bringen? Wie viele von uns zerstören die Hoffnungen und Träume des Partners? Wie reagieren Sie, wenn Ihr Mann Ihnen seine klare Berufung von Gott mitteilt? Sind Sie dann skeptisch? Oder gar wütend? Werden Sie pessimistisch reagieren? Und was ist, wenn Ihre Frau ein Angebot bekommt, Ihre Flügel spreizen und losfliegen will, werden Sie dann ihre Flügel stutzen? Vertrauen Sie Gott, dass er Sie *beide* ein Abenteuer erleben lässt, wenn Sie Gottes Ruf folgen. Er weiß, dass Sie zusammengehören. Wenn er also eine Tür für Sie öffnet, dann vertrauen Sie darauf, dass dahinter Segen wartet.

Sarai wusste, dass ihr Mann Gott gehorcht und ihm folgt. Sie vertraute Gott und ging mit ihrem Mann fort. In ihrer neuen Heimat wurde sie schließlich mit einem Wunder beschenkt: Sie bekam endlich ein Kind, ihren Sohn Isaak.

Wenn Sie im Dunkeln vertrauensvoll in die Pedale treten, dann ist das vielleicht die Fahrt Ihres Lebens! Also, springen Sie auf!

HERR, hilf uns, keine Angst vor dem Neuen zu haben. Vater, du sitzt am Steuer und dir vertrauen wir, selbst, wenn wir den Weg nicht sehen. Amen.

6. Tag

Die Kunst des Zuhörens

Denkt daran, liebe Brüder und Schwestern: Ein jeder Mensch sei schnell zum Hören, langsam zum Reden, langsam zum Zorn.

JAKOBUS 1,19 (GNB)

Der Schlüssel für echte Nähe besteht darin, dass Sie Ihrem Partner erlauben, sich so zu öffnen, dass er sich dadurch verletzlich macht. Wenn Ihr Partner merkt, dass Sie offen für ihn sind, wird er Ihnen auch mehr anvertrauen. Wenn Sie sich dann tiefgründiger austauschen, werden Sie sich noch besser verstehen und können seine Entscheidungen und Handlungsmuster besser nachempfinden. Beim Zuhören sollten Sie wie folgt vorgehen:

- *Wiederholen Sie die Schlüsselbegriffe, die Ihr Partner verwendet.* Zu den Schlüsselbegriffen gehören auch Gefühle, z. B. „Ich *habe Angst,* dass wir uns verschulden", „Das hat mich *verärgert*" oder „Ich bin *enttäuscht*". Hören Sie genau hin, welche Worte Gefühle ausdrücken und wiederholen Sie diese.

- *Formulieren Sie das Gesagte um,* z. B.: „Wenn ich dich richtig verstanden habe, meinst du ...". Sagen Sie das, was Ihr Partner Ihnen mitgeteilt hat, mit Ihren eigenen Worten.

- *Bitten Sie Ihren Partner, sich klar auszudrücken.* Hat er das, was Sie *verstanden* haben, auch so gesagt? („Liege ich damit richtig, Schatz?" oder „Hast du das so gemeint?")

- *Setzen Sie die Puzzleteile zusammen.* Überlegen Sie, in welchen Situationen Sie ähnlich gefühlt haben. („Fühlst du dich gerade so, wie ich mich gefühlt habe, als ...?") Vergleichen Sie eine Situation, die Sie erlebt haben, mit dem, was Ihr Partner Ihnen gerade beschreibt. Vielleicht waren Sie in einer ganz anderen Situation, aber die Gefühle dabei können sehr ähnlich sein. Mit dieser Übung versuchen Sie, sich von Herzen in den anderen hineinzufühlen.

Auch für Jesus spielte das Zuhören eine besondere Rolle. Oft sagte er: „Wer Ohren hat, der höre", „Hört" oder „Hört mir zu und denkt an das, was ich euch jetzt sage."

Gott befiehlt uns hinzuhören. In seiner Verklärung wurde Jesus von Mose und Elia begleitet. „... *da überschattete sie eine lichte Wolke. Und siehe, eine Stimme aus der Wolke sprach: Dies ist mein lieber Sohn, an dem ich Wohlgefallen habe; auf ihn sollt ihr hören!*" (Matthäus 17,5; LUT)

Jesus hat auch klar zum Ausdruck gebracht, dass Zuhören überlebenswichtig ist: *„Meine Schafe erkennen meine Stimme; ich kenne sie, und sie folgen meinem Ruf"* (Johannes 10,27; HFA). Hören Sie und Ihr Partner auf Gottes Stimme?

Lesen Sie gemeinsam die Bergpredigt ab Matthäus 5. Sie werden darin einen Rhythmus erkennen, d. h. den Ruf eines Lehrers, der die Aufmerksamkeit seiner bedürftigen Zuhörer sucht. Jesus sprach immer wieder: *„Ihr habt gehört, dass gesagt ist ... ich aber sage euch ..."* (vgl. Matthäus 5,38 nach Luther).

Dafür gibt es zwei Gründe. Einmal musste Jesus seine Autorität beweisen, denn damals haben Gelehrte oft nicht ihre eigenen Gedanken geäußert, sondern die Worte von anderen Gelehrten wiederholt, die wiederum das Gleiche taten. Mit den Worten *„Ich aber sage euch"* verdeutlicht Jesus, dass er seine eigenen Gedanken ausspricht und damit die höchste Autorität hat. Außerdem begann Jesus seine Predigten oft mit diesen einleitenden Worten, weil mehrere Gelehrte im Hof des Tempels gleichzeitig lehrten. Stellen Sie sich das mal vor: Viele Redner werden von Menschengruppen umringt und haben natürlich kein Mikrophon. Sie müssen sich mit spannenden einleitenden Worten die Aufmerksamkeit ihrer Hörer erkämpfen. Jesus schaffte das, indem er eine ganz neue Denkweise vertrat und nicht einfach altbekannte Thesen rezitierte.

Wenn sich Jesus also so viel Mühe gab, dass man ihm zuhörte, sollten wir doch auf ihn hören. Und wenn das Zuhören für Jesus Priorität hat, sollten wir uns auch gegenseitig zuhören.

HERR, hilf uns, auf dich zu hören und uns gegenseitig zuzuhören. Lass uns deine Stimme hören, damit wir dir nachfolgen können. Amen.

7. Tag

Kaffee – Last oder Lust?

Das Wichtigste aber ist, dass ihr einander beständig liebt,
denn die Liebe deckt viele Sünden zu!

1. Petrus 4,8 (NLB)

Mein Mann Bill liebt Kaffee und hat leider eine sehr lästige Angewohnheit: Er räumt seine Kaffeetassen nie in den Geschirrspüler. Ich finde die Tassen dann überall: in der Garage, im Auto, im Schlafzimmerschrank, auf dem Gartenweg, auf der Terrasse, in der Werkstatt, im Büro, auf der Treppe, im Badezimmer usw. Unser Beruf bringt es glücklicherweise mit sich, dass wir von allen Gemeinden, TV- und Radiosendern, bei denen wir Vorträge halten, Kaffeetassen geschenkt bekommen, und wir benutzen auch wirklich jede Tasse.

Ich selbst trinke gar nicht so viel Kaffee. Hin und wieder gönne ich mir einen fettfreien Milchkaffee. Sonst meide ich Kaffee, denn davon bekomme ich Herzrasen und diesen Zustand soll doch nur Bill in mir auslösen. Bill meint, Gott habe mich schon mit einem angeborenen Koffeingehalt geschaffen und er selbst müsse erst drei Tassen Kaffee trinken, um so viel Energie wie ich zu haben.

Wie gehe ich also mit unseren Unterschieden um? Ganz einfach, indem ich sie anerkenne, ihnen Raum gebe und sie sogar feiere.

Unterschiede anerkennen: Der Kaffee ist Teil dessen, was Bill *Bill* sein lässt. Kurz vor unserem Umzug spülte ich Geschirr und mir fiel auf, dass wir 47 Kaffeetassen besitzen. Siebenundvierzig! Ich wurde wahnsinnig wütend und dachte: *„Du lieber Gott, warum kann dieser tolle, fromme und begabte Mann seine Kaffeetassen nicht ins Spülbecken stellen?"* Ich wusste, dass die schmutzigen Kaffeetassen unsere Beziehung negativ beeinflussten, und das wollte ich nicht. Mein Schimpfen hatte Bill bis jetzt selten dazu gebracht, seine Tassen ins Spülbecken zu stellen. Also fing ich an zu beten, denn mir wurde klar, dass die Veränderung vielleicht von meiner Seite ausgehen muss. Gott beantwortete mein Gebet, indem er mich leise fragte: „Warum liebt Bill seinen Kaffee so sehr?"

„Weil er so hart arbeitet, HERR. Dafür braucht er sein Koffein", sagte ich dem HERRN in Gedanken. Und da antwortete Gott mir mit einem Flüstern: „Ist das nicht großartig, mit einem hart arbeitenden Mann verheiratet zu sein?" Darauf rief ich glücklich und zufrieden: „*Ja!* Die Welt braucht mehr hart arbeitende Männer."

Den Unterschieden Raum geben: Ich habe beschlossen, jedes Mal, wenn ich irgendwo eine leere Kaffeetasse finde, für Bill zu beten. Dann erweiterte ich das Ganze und betete sogar dann für ihn, wenn ich eine saubere Tasse sah. Schließlich erweiterte ich es noch mal und betete für ihn, wenn ich *irgendjemanden* mit einer Kaffeetasse sah. Wissen Sie, wie viele Menschen man am Flughafen, beim Autofahren, bei Meetings oder im Alltag mit Kaffeetassen sieht? Wirklich *viele!*

Ich habe einmal im Internet gelesen, dass fast 60% unserer Bevölkerung täglich Kaffee trinkt. Da kann ich aber viele Segensgebete für meinen Mann sprechen!

„*Die Liebe deckt viele Sünden zu*", dieses Prinzip aus 1. Petrus 4,8 wollte ich anwenden. (Kaffee ist zwar keine Sünde, aber dass Bill die Tassen nicht wegstellt, kann als eine Charakterschwäche gewertet werden. So habe ich es jedenfalls empfunden, bis ich für meinen Mann betete.) Den schmutzigen Kaffeetassen begegne ich heute viel positiver! Jede Tasse erinnert mich an meinen hart arbeitenden Mann, der sein Koffein braucht, damit so viele Menschen, auch ich, von seiner guten Arbeit profitieren können.

Die Unterschiede feiern: Bills fünfzigsten Geburtstag verbrachten wir auf der Mountain-Thunder-Kaffeeplantage. Dort konnte er sich eine Kaffeesorte aussuchen, selbst Kaffee rösten und sogar die Verpackung gestalten. Als ihm schließlich das Aroma seiner Familie-Farrel-Mischung in die Nase stieg und er seinen Kaffee trank, wusste ich, dass ich ihm genau das Richtige geschenkt hatte. Er grinste, denn mit dem Kaffee strömte eine tiefe Zufriedenheit in seinen Körper.[3]

Gott, hilf mir die Dinge, die mich an meinem Partner stören, positiv zu sehen. Ich will ihn so sehen wie du. Schenke, dass ich ihn segne und gib mir gute Ideen, um ihm meine Liebe auszudrücken, wenn ich verärgert bin. Amen.

8. Tag

Gemeinsam anpacken!

Ich will dich nicht verlassen und nicht von dir weichen.

Hebräer 13,5 (LUT)

Ich, Bill, habe schon als Kind Entscheidungen aus Angst getroffen. Meine Familie war Fremden gegenüber nicht sehr aufgeschlossen. Wir hatten eher Angst vor anderen Menschen. Viele Wochenenden verbrachten wir allein in den Bergen, denn in unserer Nachbarschaft fühlten wir uns unwohl. Gelegenheiten, sich zu treffen, nutzten wir nicht – aus Angst vor den Verpflichtungen einer Freundschaft. Und so hatte ich bereits als Jugendlicher Probleme mit meinem Selbstbewusstsein. Dabei wollte ich doch so gerne ein guter Sportler und Schüler sein. Aber ich hatte immer Angst zu versagen. Irgendwie beschlich mich das seltsame Gefühl, dass ich das, was ich anstrebe, nicht verdiene.

Mit der Hochzeit veränderte sich mein Leben endlich. Wir wollten eine erfolgreiche Beziehung führen und sahen es als unsere Aufgabe an, unsere Kinder gut zu erziehen. Also beschlossen wir, gemeinsam der Angst die Stirn zu bieten.

In Haggai 2 lesen wir, was es einem Menschen abverlangt, wenn er sich besonderen Herausforderungen mutig stellt. In diesem Fall versuchten die Israeliten, den Tempel in Jerusalem wieder aufzubauen. Das Herzstück der israelitischen Architekturgeschichte war von den Feinden niedergerissen worden und Unruhen benachbarter Völker erschwerten den Wiederaufbau.

Wo finden Sie die Zuversicht, um ein Problem zu lösen? Wir haben hier ein paar Tipps, wie Sie sich Ihren Ängsten stellen können:

- Halten Sie sich immer wieder vor Augen, dass Sie das Richtige tun. Die Israeliten hat es ermutigt zu wissen, dass sie Gott mit einem Tempel ehrten, der prächtiger als jedes andere Gebäude war. Jeder wusste, dass es richtig war, den Tempel wieder aufzubauen. Genauso wichtig ist es, dass Sie Ihre Liebe zu Ihrem Partner pflegen.

- Denken Sie daran, dass Gott bei Ihnen ist. *„Ich bin mit euch, spricht der HERR Zebaoth [...] und mein Geist soll unter euch bleiben [...] und ich will dies Haus voll Herrlichkeit machen"* (Haggai 2,4-5+7; LUT). Wenn Sie sich bewusst machen, dass Gott selbst bei Ihnen ist, gelangen Sie zu einer demütigen, aber selbstbewussten Haltung.

- Arbeiten Sie immer weiter an Ihrem Problem. Es bremst Sie nur aus, wenn Sie ständig an mögliche Hindernisse denken. Man muss hart arbeiten, um ein gutes Familienleben aufzubauen. Dabei scheinen viele Aufgaben unlösbar, aber wenn Sie das Richtige tun, dann werden sich die Dinge ändern, selbst wenn Sie noch nicht abschätzen können, wie. Jeder kleine Erfolg macht Sie selbstbewusster und Sie können sich neu ausrichten. Mit jedem Schritt, den Sie gehen, finden Sie neuen Mut um weiterzumachen. Gott ermutigt uns und spricht: *„Sei getrost, alles Volk im Lande [...] und arbeitet!"* (Haggai 2,4; LUT).

- Denken Sie daran, was Gott Ihnen versprochen hat. Gott ist Ihnen nahe. Er kennt Ihre Lebensumstände und gibt Ihnen immer wieder neue Kraft. Gott kann jede Situation meistern, denn sein Wesen ist grenzenlos. Er schreitet im richtigen Moment ein, damit wir an unseren Problemen nicht zerbrechen. *„Aber nun [...] sei getrost, [...] denn ich bin mit euch [...]. Es ist nur noch eine kleine Weile, so werde ich Himmel und Erde, das Meer und das Trockene erschüttern [...] und ich will Frieden geben"* (Haggai 2,4+6+9; LUT).

Pam und ich sind seit über 32 Jahren glücklich miteinander verheiratet und unsere drei Kinder folgen Jesus nach. Das alles haben wir erleben dürfen, weil wir Gott in den Mittelpunkt unserer Beziehung gestellt haben und nicht uns selbst, unsere Vergangenheit oder unsere Probleme.

Wenn Sie Gott gehorchen und sein Wort ernst nehmen, wird er Sie jeden Schritt Ihres Lebens begleiten. Das ist seine Zusage für Sie! Konzentrieren Sie sich nicht auf scheinbar unlösbare Probleme, sondern allein auf den HERRN, der sagt: *„Das habe ich mit euch geredet, damit ihr in mir Frieden habt. In der Welt habt ihr Angst; aber seid getrost, ich habe die Welt überwunden."* (Johannes 16,33; LUT)

HERR, stärke uns auf unserem Lebensweg und zeige uns, dass mit dir alle Dinge möglich sind. Amen.

9. Tag

Tief verwurzelt

Du pflanzt sie ein, sie schlagen Wurzeln und wachsen und bringen Frucht.

JEREMIA 12,2 (LUT)

Wir leben in einem Teil Amerikas, in dem es oft Tornados gibt. Bei einem solchen Sturm peitscht der Wind durch die Straßen und wirbelt flachwurzelnde Bäume wie Zahnstocher durch die Gegend. Aber Bäume mit sehr tiefen Wurzeln sind im Boden fest verankert. Sie wachsen Jahr für Jahr und überleben jeden Sturm.

Gott möchte, dass wir auch so tief verwurzelt sind.

„Er wird sein wie ein Baum, der am Wasser gepflanzt ist und am Bach seine Wurzeln ausstreckt und sich nicht fürchtet, wenn die Hitze kommt.

Sein Laub ist grün, im Jahr der Dürre ist er unbekümmert, und er hört nicht auf, Frucht zu tragen." (Jeremia 17,8; ELB)

Jesus warnt uns im Gleichnis vom Sämann davor, flach verwurzelt zu sein:

„Andere Körner fielen auf felsigen Grund, der nur mit einer dünnen Erdschicht bedeckt war. Sie gingen rasch auf, weil sie sich nicht in der Erde verwurzeln konnten; aber als die Sonne hochstieg, vertrockneten die jungen Pflanzen, und weil sie keine Wurzeln hatten, verdorrten sie." (Markus 4,5–6; GNB)

So viele Ehen brauchen tiefere geistliche Wurzeln. Gute Ehen können ihre Familien, ihre Umgebung und ihre Gemeinden stärken, aber es erfordert ein wenig Mühe, um tiefe Wurzeln zu bekommen.

Oft kommen Paare zu uns und sagen: „Wir möchten so eine Ehe führen wie Sie." Dann erklären wir ihnen, wie man eine glückliche (32 Jahre lange) Ehe aufbauen kann und dass bestimmte Traditionen, Verhaltensweisen und Entscheidungen dabei helfen.

Wir raten diesen Paaren zu gemeinsamen täglichen Zeiten der Stille mit Gott. So kann er ihnen sagen, wie sie zu einem guten Ehepartner, Elternteil und Erdenbürger werden können. Außerdem ermutigen wir sie dazu, sich Stück für Stück mit der Guten Nachricht zu befassen, sei es im Gottesdienst oder im Hauskreis, wo man gemeinsam mit einer Gruppe Themen wie Ehe und Familie besprechen kann. Auch Ehekurse sowie christliche Radio- und Fernsehsender, Podcasts usw. sind enorm wichtig, denn dadurch lernen Sie, wie eine gute Beziehung aus Gottes Sicht funktioniert.

Jedes zweite Paar antwortet uns dann: „Dafür haben wir aber keine Zeit." Dann entgegnen wir: „Wenn Sie sich *jetzt* Zeit füreinander nehmen, können Sie bestimmte Probleme vermeiden, aber wenn nicht, müssen Sie später viel mehr Zeit aufwenden, um Ihre Probleme zu lösen." Sie werden die Zeit dafür finden. Ob jetzt oder später, irgendwann müssen Sie die Zeit für ihre Beziehung aufbringen. Wir nehmen uns lieber jetzt gleich die Zeit, um Problemen vorzubeugen.

Nach einem Seminar kam einmal ein Paar auf uns zu und meinte: „Ihr Video-Ehekurs ist einfach klasse!"

Ich, Pam, fragte dann: „Welche Bibelarbeit hat Sie denn besonders weitergebracht?" Da antworteten mir die frisch Getrauten: „Ehrlich gesagt haben wir uns nicht die Mühe gemacht, die Bibelstellen nachzuschlagen. Aber wir haben uns Ihre Videobotschaften angesehen. Bill und Sie sind echt witzig."

Das hat mich sehr betroffen gemacht, denn wir versuchen zwar, in den Videos humorvolle und praktische Tipps zum Bibellesen zu geben, aber was wirklich zählt und wo Gott wirkt, sind die Bibelarbeiten selbst. Die tiefen Wurzeln entstehen nämlich erst, wenn Sie Gott an Ihr Leben, Ihre Beziehungen und an Ihr Herz heranlassen. Mit modernen Medien allein können Sie nur flache Wurzeln bilden und dann genügt ein stärkerer Windstoß und schon ist Ihr Baum entwurzelt. Wenn die Hitze der Sonne drückt, vertrocknen die Blätter und der Baum verdorrt. Aber wenn Ihre geistlichen Wurzeln tief in den fruchtbaren Boden reichen, können Sie die süßesten Früchte ernten.

Wir beten für die Paare, die dieses Buch lesen, so wie der Apostel Paulus betete:

> *„Und ich bete, dass Christus durch den Glauben immer mehr in euren Herzen wohnt und ihr in der Liebe Gottes fest verwurzelt und gegründet seid. So könnt ihr mit allen Gläubigen das ganze Ausmaß seiner Liebe erkennen. Und ihr könnt auch die Liebe erkennen, die Christus zu uns hat; eine Liebe, die größer ist, als ihr je begreifen werdet. Dadurch wird euch der Reichtum Gottes immer mehr erfüllen.“* (Epheser 3,17-19; NLB)

HERR, setze unsere Wurzeln tief in deinen Boden und in dein Wort. Lass uns süße Früchte ernten, die entstehen, wenn unser Baum tief in der Liebe wurzelt, die nur du geben kannst. Amen.

10. Tag

Unterschiede lieben lernen

Ein jeder aber prüfe sein eigenes Werk.

GALATER 6,4 (LUT)

Mir fällt öfters auf, dass ich die Entscheidungen meiner Mitmenschen nicht immer nachvollziehen kann. Ich, Bill, habe mal in einem Restaurant einen Mann bemerkt, der die größten Ohrringe trug, die ich je gesehen hatte. Sie waren so groß wie Untertassen, ungelogen! Es hat wahrscheinlich mehrere Jahre gedauert, bis sich seine Ohrläppchen so weit gedehnt hatten. Ich wollte eigentlich nicht zweimal hinsehen, aber ich konnte einfach nicht anders.

Ich konnte meine Frage nicht länger zurückhalten: „Wie lange hat es gedauert, bis Sie diese Ohrringe tragen konnten?“ Er zuckte nur mit den Achseln und antwortete: „Keine Ahnung. Hat schon ein bisschen gedauert.“

Er schien beleidigt zu sein, dass mir das so aufgefallen war, aber die Ohrringe waren einfach nicht zu übersehen. Sie waren riesengroß und schrien geradezu nach einer Reaktion von mir.

Am liebsten hätte ich mich noch ein bisschen mit ihm über seine Aufmachung unterhalten, aber es war weder die richtige Zeit noch der richtige Ort. Also fuhr ich nach Hause und dachte: So viele Menschen sind so anders als ich. Und plötzlich wurde mir klar: Ich bin sogar mit jemandem verheiratet, der ganz anders ist als ich.

Wie soll ich nur mit unseren Unterschieden zurechtkommen?

Im Brief des Apostels Paulus an die Galater finden wir wertvolle Antworten:

- *Gehen Sie auf Ihren Partner ein.* Jeder Mensch ist unsicher und hat seine Ecken und Kanten, so dass er auch mal Fehler macht. Deshalb sollen wir uns auch gegenseitig dabei unterstützen, auf dem richtigen Weg zu bleiben. Beschenken Sie Ihren Partner mit einer Liebe, die ihn stark macht.

  „Brüder und Schwestern, wenn einer von euch vom richtigen Weg abkommt, dann sollt ihr,

die von Gottes Geist geleitet werden, ihn liebevoll wieder zurechtbringen. Seht aber zu, dass ihr dabei nicht selbst zu Fall kommt" (Galater 6,1; HFA). Diese Art der liebevollen Stärkung kann Ihrem Partner sehr helfen. Wenn er Sie enttäuscht, dann versuchen Sie auf ihn einzugehen, damit Sie beide schnell wieder auf den richtigen Weg gelangen.

- *Zeigen Sie Ihrem Partner, dass Sie für ihn da sind.* Versetzen Sie sich in seine Lage. Oft sehen wir nur, wie sich jemand verhält, ohne zu wissen, wie es gerade in seinem Herzen aussieht. Ich war versucht, voreilige Schlüsse über den Mann mit den Ohrringen zu ziehen, nur wegen seiner äußeren Erscheinung. Vielleicht wohnt Rebellion in ihm, so dass er nie die Autorität von Christus akzeptieren wird. Aber es kann auch sein, dass er eine kranke Seele hat und auf der Suche nach Liebe verzweifelt auf sich aufmerksam machen will. Man braucht einen Sinn für Beziehungen, Weisheit und Einfühlungsvermögen, um zu erkennen, was andere von uns unterscheidet. *„Jeder soll dem anderen helfen, seine Last zu tragen. Auf diese Weise erfüllt ihr das Gesetz, das Christus uns gegeben hat"* (Galater 6,2; HFA).

Ziehen Sie keine voreiligen Schlüsse aus den Entscheidungen und dem Verhalten Ihres Partners, sondern begegnen Sie ihm mit Freundlichkeit, Mitgefühl und Gnade. Dann können Sie seine Situation und sein Empfinden auch besser nachvollziehen.

- *Bleiben Sie ruhig.* Überlegen Sie *vor* einem Gespräch, wie Sie auf Ihren Partner eingehen wollen. Wir Menschen neigen dazu, das Verhalten unseres Gesprächspartners widerzuspiegeln, d. h., wenn andere uns gut behandeln, sind wir ihnen gegenüber nett und aufgeschlossen. Wenn wir aber von jemandem angegriffen werden, wehren wir uns heftig oder ziehen uns zurück.

  Wenn ein Mensch eine falsche Entscheidung trifft, passen wir uns ihm entweder an und kommen gemeinsam vom Weg ab oder wir versuchen verzweifelt, ihn zur Umkehr zu bewegen. Aber wenn wir uns so verhalten, dann geben wir anderen Menschen die Kontrolle über unser Leben und dann entscheiden sie, wer wir sind.

  Es ist besser, wenn wir uns darauf besinnen, wie Gott uns haben möchte, und dann mit dieser Einstellung alle Situationen meistern. *„Wer sich einbildet, besser zu sein als die anderen, der be-*

trügt sich selbst. Darum soll jeder sich selbst genau prüfen. Dann wird er sich über seine guten Taten freuen können, aber keinen Grund zur Überheblichkeit haben. Denn jeder ist für sein eigenes Tun vor Gott verantwortlich. Das ist schon schwer genug." (Galater 6,3-5; HFA)

Wenn Ihr Partner eine falsche Entscheidung trifft, dann ärgern Sie sich nicht, schreien Sie ihn nicht an, beleidigen oder manipulieren Sie ihn nicht. Schreiben Sie sich stattdessen auf, welche guten Verhaltensweisen Sie selbst gern hätten, und verhalten Sie sich dementsprechend.

So werden Sie nach und nach lernen, sich angemessen zu verhalten, und das veranlasst Ihren Partner wiederum, sich mit seiner Entscheidung auseinanderzusetzen, zu beten und sein Leben zu ändern. Wenn Sie sich für diese guten Verhaltensweisen entscheiden, dann können andere Menschen mit ihren schlechten Entscheidungen bei Ihnen keine Verwirrung stiften.

Gott möchte, dass Sie sich selbst genau prüfen. Mit diesen drei Verhaltenstipps können Sie das tun. Wenn Sie Gott gehorchen, wird er die Beziehung zu Ihrem Partner stärken und Ihre Ehe segnen.

HERR, hilf uns, das Gute an unseren Unterschieden zu sehen und schweiße uns zusammen. Schenke, dass sich jeder von uns prüft und sein Verhalten überdenkt. Amen.

11. Tag

Vernünftig mit Frust umgehen

Wer hart arbeitet, hat genug zu essen; nur dumme Menschen vertun ihre Zeit.

Sprüche 12,11 (NLB)

Ich, Pam, bin auf einem Milchbauernhof aufgewachsen. Mein Vater war Alkoholiker und als er die Kontrolle verlor, flüchtete ich mich zu meinen Großeltern. Sie waren über 60 Jahre glücklich verheiratet. Von ihnen habe ich gelernt, wie man vernünftig mit Frust umgeht. Wenn mein Großvater von meiner Großmutter enttäuscht war, suchte er sich in seiner Werkstatt etwas zum Tüfteln, und wenn meine Großmutter sauer auf ihn war, stürzte sie sich ins Putzen, Kochen und Backen. Trotz ihres Ärgers haben sie nicht ihre Zeit verschwendet.

Wir hatten mal einen Eheberater bei uns zu Hause. Er sagte uns: „Es gibt zwei Wege, um mit dem Ärger fertig zu werden. Man kann seine Pflichten vernachlässigen oder sich in die Arbeit stürzen. Der Vorteil von Pflichtbewusstsein ist, dass man die Energie, die aus dem Ärger entsteht, in harte Arbeit umsetzt. Dann kann man sich auch eine Eheberatung leisten."

Bill und ich haben die Erfahrung gemacht, dass man leicht ausfällig wird, wenn man seinen Ärger nicht unter Kontrolle hat. Leider hat man danach jede Menge zu tun, um das Gefühlschaos wieder zu beseitigen: man streitet sich, entschuldigt sich, setzt sich wieder zusammen. Man kann jedoch auch in seinem Ärger gegensteuern. Das senkt den Stresspegel und spart zeitraubende Diskussionen.

Sagen Sie Gott alles im Gebet. Im Gebet fragen wir jeder für sich, wie Gott unseren Streit sieht.

Es hilft, in der Bibel zu lesen oder spazieren zu gehen und erst einmal Gott alles anzuvertrauen, bevor man die Dinge mit seinem Partner bespricht.

Werden Sie produktiv. Wenn Bill und ich einen Streit haben, widmet sich jeder seinen Aufgaben, z. B. Ratgeber schreiben, Vorträge halten oder neue Seminare planen. Indem wir also nach vorne schauen, sagen wir im Stillen: „Auch wenn es länger dauert, vertrauen wir darauf, dass Gott uns helfen wird, unsere Probleme zu lösen."

Nehmen Sie sich vor, Ihren Partner zu segnen. Wir tun uns gegenseitig etwas Gutes, auch in Konflikten. Bill bringt dann den Müll raus, ohne dass ich es ihm sagen muss, und ich bringe ihm eine Tasse Kaffee, ohne dass er mich darum bittet. Das Dienen erweicht unsere Herzen. Dann fällt es uns leichter, später wieder aufeinander zuzugehen.

Setzen Sie sich einen passenden Termin, um miteinander zu reden. Ein so wichtiges Gespräch kann man nur führen, wenn der Partner die Zeit dazu findet. Wir wählen dafür weder einen späten Abend noch einen frühen Morgen. Es ist auch nicht sinnvoll damit anzufangen, wenn einer von uns sich auf ein Interview vorbereitet oder einen wichtigen Termin einhalten muss. Natürlich kommt es auch mal vor, dass ein Gespräch nicht so lange warten kann, aber dann versuchen wir, so vernünftig wie möglich miteinander zu reden.

Beten Sie gemeinsam. Bevor wir zum Gespräch zusammenkommen, beten wir gemeinsam und bitten Gott, in unserem Gespräch dabei zu sein.

Manche Leute fragen uns, wie wir es geschafft haben, neben der Kindererziehung und unserem Dienst in der Gemeinde in 32 Jahren 37 Bücher zu schreiben. Wir können Ihnen versichern, dass wir nicht viel Zeit damit verschwendet haben, sinnlos miteinander zu streiten. Versuchen Sie das doch auch mal.

Wenn Sie sich das nächste Mal über Ihren Partner ärgern und ein Streit ausbricht, dann drücken Sie einfach die Pause-Taste. Finden Sie heraus, ob das für Sie so gut funktioniert wie für uns. Das Schlimmste, was Ihnen passieren kann, ist, dass Sie so hart arbeiten, dass Sie sich einen Eheberater leisten können.

Dann können Sie im Gespräch zu dritt mit Gottes Hilfe Kompromisse erarbeiten. Mit Wohlwollen und Freundlichkeit sparen Sie viel Zeit und führen höchstwahrscheinlich eine erfolgreiche Ehe.

HERR, hilf uns ruhig zu bleiben und gemeinsam eine Lösung zu finden. Beruhige uns und schenke, dass wir uns auf dich konzentrieren und darauf, dass du eine Lösung für uns bereithältst. Amen.

12. Tag

Unser Vaterbild

Darum seid nicht töricht, sondern versteht, was der Wille des Herrn ist!

Epheser 5,17 (ELB)

Uns hat mal ein Freund gefragt: „Ist es schwer, Gott als unseren Vater im Himmel zu begreifen, wenn man selber keinen so guten Vater hatte?" Das ist eine wirklich gute Frage, denn oft vergleichen wir Gott mit unserem leiblichen Vater. Unser Verstand sagt uns, dass Gott vollkommen, weise und voller Liebe ist, aber unsere Gefühle sehen oft anders aus. Da wir uns als Kinder von unserem Vater prägen ließen, ist unser Vaterbild tief in unserem Inneren verankert. Es ist natürlich erfreulich, wenn Sie einen guten Vater hatten, denn dann ist es für Sie leicht, Gott als Ihren verlässlichen und Mut machenden himmlischen Vater zu sehen. Aber wenn Ihr leiblicher Vater unberechenbar, inkonsequent, gleichgültig oder einfach nie da war, wird das für Sie schon schwieriger.

Diese Gedanken trieben uns um, als wir neulich Epheser 5,17–20 lasen. Ich, Bill, konnte in dieser Bibelstelle einige Wahrheiten über Gott als unseren Vater entdecken und diese möchte ich nun mit Ihnen teilen:

- Gott möchte, dass wir herausfinden, wie jeder von uns seinen persönlichen Beitrag in der Welt leisten kann. *„Darum seid nicht töricht, sondern versteht, was der Wille des Herrn ist"* (Vers 17). Gott will wirken und uns dabei einbeziehen. Sein Wille geschieht und er weiß, wer Sie sind und wozu er Sie geschaffen hat. Deshalb hört er als Ihr treuer Vater niemals auf, Ihnen dabei zu helfen, den Sinn Ihres Lebens zu erkennen.

- Wir sollen unser Leben anpacken und etwas bewirken. *„Und berauscht euch nicht mit Wein, worin Ausschweifung ist, sondern werdet voller Geist"* (Vers 18). Wer alkoholisiert ist, sagt Dinge, die er sonst nicht sagt, handelt so, wie er sonst nicht handelt, und ist mitunter auch dreister als sonst. Unser Vater im Himmel hat uns den Heiligen Geist gegeben, damit wir mit Worten und Taten, die in seinem Sinne sind, andere zum Guten verändern können.

- Er möchte, dass wir gesunde Beziehungen führen. Wer den Heiligen Geist hat, kann auch *„zueinander in Psalmen und Lobliedern und geistlichen Liedern rede[n] und dem Herrn [von] Herzen sing[en]“* (Vers 19). Das heißt natürlich nicht, dass wir die ganze Zeit vor uns her singen und mit unseren Mitmenschen nur in Liedform kommunizieren. Es bedeutet vielmehr, dass wir es uns zur Gewohnheit machen sollen, andere zu ermutigen und aufzubauen und Jesus ganz natürlich in unseren Alltag zu integrieren.

- Unser Vater im Himmel möchte, dass wir mit einer positiven Lebenseinstellung durchs Leben gehen und *„allezeit für alles dem Gott und Vater Dank im Namen unseres Herrn Jesus Christus“* aussprechen (Vers 20). Motivationstrainer Zig Ziglar wurde berühmt mit den Worten: „Mit einer positiven Lebenseinstellung können Sie zwar nicht alles im Leben erreichen, aber mit einer positiven Lebenseinstellung erreichen Sie mehr als mit einer negativen.“

Unsere Väter hatten alle die Aufgabe, uns aufs Leben vorzubereiten. Einige von Ihnen können sich glücklich schätzen, einen guten Vater gehabt zu haben. Andere fühlen sich vielleicht allein gelassen. Wie auch immer Ihr Vater war, Sie können es hinter sich lassen. Nach vorne zu schauen ist wichtig, denn wie wir zu unserem Vater stehen, sei es der leibliche oder unser Vater im Himmel, beeinflusst uns auch in unseren Beziehungen anderen gegenüber. Wir können an das Gute, dass uns unser leiblicher Vater gegeben hat, anknüpfen. Genauso gut können wir aber auch unseren Vater im Himmel bitten, uns auf alle Beziehungen, die wir in Zukunft führen werden, vorzubereiten. Die Wahrheit über Gott als unseren Vater im Himmel können wir in seinem Wort nachlesen. Das wird uns dabei helfen, unseren Partner „weise zu lieben“ (vgl. www.love-wise.com). Und das können wir auch den nachfolgenden Generationen beibringen.

HERR, lehre uns, was es bedeutet, dass du unser Vater bist, damit wir gestärkt durchs Leben gehen.

Amen.

13. Tag

Eine gute Herzenshaltung

Und dennoch gehöre ich zu dir! Du hast meine Hand ergriffen und hältst mich; du leitest mich nach deinem Plan und holst mich am Ende in deine Herrlichkeit.

Psalm 73,23-24 (GNB)

Ich, Pam, werde oft gefragt, ob mir mein Zuhause fehlt, weil ich so viel unterwegs bin. (Letztes Jahr war ich insgesamt 230 Tage nicht zuhause.) Dann antworte ich immer: „Ich bin da zuhause, wo mein Herz ist." Mit meinem Herzen bin ich bei Gott, der mir zusagt:

> *„Ich will dich nicht verlassen und nicht von dir weichen."* (Hebräer 13,5; LUT)

„Denn ich, der Herr, dein Gott, bin bei dir, wohin du auch gehst!“ (Josua 1,9; GNB)

„Das Glück wird euch begleiten, wenn ihr auszieht und wenn ihr wieder heimkehrt.“ (5. Mose 28,6; GNB)

Mit meinem Herzen bin ich aber auch bei Bill, der mich ja meistens begleitet. Und mein Herz ist natürlich auch bei meinen Kindern und Enkelkindern. Wir sind als Familie weit verstreut, daher hat das Reisen als Rednerin den positiven Nebeneffekt, dass wir viele Familienmitglieder besuchen können. Mein Herz ist bei den Menschen, die ich liebe, und Gott hat uns mit so vielen Freunden auf der ganzen Welt beschenkt. Nicht mein Haus, sondern meine Herzenshaltung ist mein Zuhause.

Gerade Paare, die zwischen dem Zuhause, der Arbeit oder der Gemeinde pendeln müssen, sollten sich immer wieder Folgendes vor Augen führen: *„Denn wo dein Schatz ist, da ist auch dein Herz“* (Matthäus 6,21; LUT). Eine Studie über verheiratete Berufspendler hat ergeben, dass „klar definierte gemeinsame Ziele und die Fähigkeit, beim Partner um Zuspruch zu bitten, enorm wichtig für den Erhalt einer Ehe sind.“[4] Das heißt also, wer seine Ehe und Familie als seinen Schatz ansieht, und spürt, dass er von seinem Partner auch bei seiner

Abwesenheit wertgeschätzt wird, kann seine Ehe stärken. Das gilt besonders für Paare, die aufgrund ihrer räumlichen Trennung zueinander zusätzlichem Stress ausgesetzt sind. Schätzen Sie Ihre Beziehung mehr als Ihr Zuhause?

Schon zu Beginn unserer Ehe haben wir immer wieder nach Wegen gesucht, um möglichst viel Zeit miteinander zu verbringen. Deshalb habe ich manchmal das Abendessen eingepackt und bin zu Bill in die Gemeinde gefahren oder wir haben eine Kleinigkeit zu Essen zum Footballspiel unserer Kinder mitgenommen. So konnten wir als Familie ein bisschen mehr Zeit miteinander verbringen. Selbst jetzt, wo unsere Kinder erwachsen sind, gilt für uns das Prinzip: „Wir nehmen gerne Aufwand in Kauf, um mit unserer Familie zusammen zu sein". Mit dieser Einstellung setzen wir Flüge oder Fahrten zu unseren Kindern ganz oben auf die Prioritätsliste. Es ist uns wichtiger, Zeit mit der Familie zu verbringen, als einen Whirlpool anzuschaffen oder unser Haus umzugestalten. Als frisch Verheiratete haben wir uns eine Art Ehegelöbnis aufgeschrieben. Darin heißt es: „Menschen sind wichtiger als materielle Güter."

Unser Schatz liegt nicht in den Dingen, die unser Haus verschönern, sondern in einer Ehe und Familie, die von guten, gesunden und glücklichen Beziehungen geprägt ist. So definieren wir unser „Zuhause".

Dass das Zuhause eine Herzenshaltung ist, hat Jesus uns vorgelebt. Er sagte: *„Füchse haben ihren Bau, und Vögel haben ihre Nester, aber der Menschensohn hat keinen Ort, wo er sich hinlegen kann“* (Matthäus 8,20; NLB). Jesus hatte kein Kopfkissen, aber er hatte Freunde, die ihn aufnahmen. Er konnte es sich nicht in einem Sessel gemütlich machen, aber er konnte bei seinem Vater im Himmel zur Ruhe kommen. Er hatte keine *Bleibe*, aber er wusste, was es bedeutet, draußen im Freien zu *bleiben* und etwas auszuhalten.

Es ist bewundernswert, wenn jemand ein liebevolles Zuhause geschaffen hat, mit all den Zutaten, die es behaglich machen und eine angenehme Atmosphäre vermitteln. Dann hat man einen Ort, wo man auftanken, sich erholen und wieder zu Kräften kommen kann.

Bill und ich haben auf unseren Reisen viel Zeit bei Familien sämtlicher Einkommensstufen verbracht. Dabei haben wir festgestellt, dass wir uns dort zuhause gefühlt haben, wo die Menschen an allererster Stelle standen. Ein Haus soll kein Schauplatz sein, sondern man muss sich darin sicher fühlen können. Klammern Sie sich nicht an Gegenstände. Lassen Sie die Dinge los und entdecken Sie eine neue Freiheit.

Eines Tages war ich mit Bill gerade im Check-In-Bereich im Flughafen, als mein Handy klingelte. Meine Assistentin, deren Mann Polizist ist, war an der anderen

Leitung und sagte ganz aufgeregt: „Pam, mein Mann ist grad bei euch zu Hause vorbeigefahren. Er sagt, eure Haustür stand ganz weit offen. Er hat gleich mal bei euch im Haus nachgesehen, aber es scheint alles unverändert zu sein. Meinst du, eure wichtigsten Sachen sind noch da?“

„Nein“, sagte ich und blickte zu meinem lieben Mann rüber. „Denn das Wichtigste habe ich hier bei mir.“

HERR, hilf uns, die Menschen über alles andere zu stellen und aus unserem Haus ein Zuhause zu machen. Amen.

14. Tag

Vater und Mutter ehren

„Ehre deinen Vater und deine Mutter" – das ist das erste Gebot mit Verheißung –, „damit es dir wohlgehe und du lange lebst auf der Erde."

EPHESER 6,2-3 (ELB)

Ich, Bill, habe dieses Jahr mit meiner Mutter ihren 82. Geburtstag gefeiert. Meine Mutter war und ist nicht perfekt und ich könnte mich an dieser Stelle beklagen, wie furchtbar meine Kindheit war und was alles hätte besser laufen können.

Aber ich möchte einen Weg finden, wie ich meine Mutter ehren kann, denn Gott wollte, dass diese Frau meine Mutter ist.

Jemanden zu ehren bedeutet, „ihm Respekt zu erweisen, ihm seine Anerkennung auszusprechen und oft auch seine Taten sprechen zu lassen".[5]

Ich habe versucht, das umzusetzen, und es hat unsere Ehe sehr bereichert. Hier sind ein paar Beispiele, wie Sie Ihre Mutter ehren können:

- Es hat meine Mutter viel Mühe gekostet, mich auf die Welt zu bringen. Dafür bin ich ihr sehr dankbar. Pam und ich haben drei Schwangerschaften erlebt. Jede einzelne davon war extrem anstrengend und hat uns sehr herausgefordert. Meine Mutter hat das auch ertragen, damit ich leben kann.

- Pam und ich sind meiner Mutter dankbar, dass sie ihre Aufgabe, mich zu erziehen, so gut gemeistert hat. Wir haben drei Kinder großgezogen und kennen die schlaflosen Nächte. Oft waren wir gestresst und mussten immer wieder die Disziplin aufbringen, um auch in schweren Momenten durchzuhalten, weiterzumachen und zu überlegen, was als nächstes dran ist. Egal welchen Kummer ich meiner Mutter bereitet habe, sie hat immer durchgehalten.

- Ich bin dankbar, eine so kreative Mutter zu haben. Sie ist auch heute noch sehr kreativ. Manchmal ist es witzig zu hören, wie sie Gedanken miteinander verbindet, die eigentlich nicht in logischem Zusammenhang stehen. Da bringt sie uns oft zum Lachen. (Neulich erklärte sie uns, wer staatlich zum Helden anerkannt wird, würde zum Dank Sieger eines Gewinnspieles werden. Das stimmt natürlich nicht, aber meine Mutter hat uns das sehr enthusiastisch und äußerst überzeugend erzählt.)

Viele kreative Gedanken traut sich meine Mutter nicht umzusetzen, aber wir erkennen bei ihr immer wieder einen unstillbaren Hunger nach guten Ideen, neuen Lösungen und tollen Abenteuern.

- Ich bin dankbar für ihr Erbgut, denn sie ist immer noch bei Kräften und sehr aktiv. Sie macht jeden Tag Gartenarbeit und ist noch ziemlich flott auf den Beinen. Sie macht den Haushalt, verwaltet ihren Vorratskeller und surft im Internet. Wenn ich mir ansehe, wie viel Energie meine Mutter nach acht Jahrzehnten immer noch hat, stimmt mich das positiv für meine Zukunft.

- Ich bin dankbar, dass meine Mutter so unabhängig ist. Sie lebt zwar aus Angst vor anderen Menschen etwas zurückgezogen, aber sie hat meinen Geschwistern und mir sehr viel gegeben und davon profitieren wir noch heute. Sie hat uns gelehrt herauszufinden, wer wir sind, was wir gern tun würden und welche Risiken wir dafür eingehen müssen. Wir sind alle überdurchschnittlich weit geflogen. Wir haben alle einen Beruf, der uns erfüllt. Und wir haben alle ein Hobby gefunden, das wir pflegen und für das es sich lohnt, Zeit zu investieren.

- Ich bin meiner Mutter dankbar, dass sie meinen Vater pflegt. Meine Eltern haben dieses Jahr ihren 59. Hochzeitstag gefeiert. Mit der Zeit hatten die beiden ernste Schwierigkeiten miteinander, aber meine Mutter ist bei ihm geblieben. Dazu kam, dass mein Vater mit Ende 40 einen schweren Schlaganfall erlitt, der mit körperlichen Einschränkungen einherging. Aber meine Mutter weigerte sich, ihn zu verlassen. Von da an verlief ihre gemeinsame Reise alles andere als perfekt, doch sie sind jeden Schritt zusammen gegangen.

Da können wir nur hoffen, dass es uns auch mal so geht. Wir möchten, dass unsere Kinder, Enkel, und Urenkel einmal stolz und Gott dankbar sind, Teil unserer Familie sein zu dürfen. Wie können Sie nun zusammen mit Ihrem Partner Ihre Eltern mit Taten ehren? Obwohl Pam und ich keine perfekten Eltern hatten und uns manches sogar geschadet hat, haben wir uns die Zeit genommen, etwas Gutes in den Schatten der Vergangenheit zu sehen und einen Weg zu finden, um unsere Eltern zu ehren. Wir möchten unseren Kindern vorleben, was es heißt, seine Eltern zu ehren. Dann können sie uns auch ehren.

Können Sie Ihre familiäre Vergangenheit annehmen und etwas Gutes darin erkennen? Überlegen Sie, was Ihre Eltern richtig gemacht haben, selbst, wenn es nur bei Ihrer Geburt war, als Ihre Mutter alles gab, damit Sie das Licht der Welt erblicken können. Von welchen Eigenschaften sollen Ihre Kinder einmal profitieren? Machen Sie eine Liste, wie Sie für sie sein wollen.

HERR, danke für unsere Familie. Hilf uns, unseren Kindern etwas mitzugeben, das sie einmal weiterbringt und auf das sie stolz sein können. Amen.

15. Tag

Jetzt wird es heiß!

Zieh mich dir nach, lass uns eilen!
Der König möge mich in seine Gemächer führen.

Hoheslied 1,4 (ELB)

Unsere Freunde, die Millers, sind einfach großartig! Nate wurde von den Lesern des Redbook-Magazins zum „heißesten Ehemann 2012" gewählt.[6] Seine Frau, Denise, hatte ihn nominiert und beschrieb ihn als äußerst zuvorkommend, u. a. weil er seine Freunde und einen Pastor dazu bewegen konnte, die Spitze eines Berges zu erklimmen, auf den die Millers mit der ganzen Familie einen Ausflug machten. Nate und Denise wanderten bis zum Gipfel und wurden dann dort von all ihren Freunden überrascht. Nate fragte dort seine Frau, ob sie ihn noch einmal heiraten würde. Daraufhin gaben sie sich spontan ein neues Eheversprechen.

Die Millers sind eines der besten Beispiele dafür, was wir in unserem Buch *Red Hot Monogamy* aufzeigen, nämlich:

Je leidenschaftlicher Sie *Gott* gegenüber sind, umso mehr Leidenschaft weckt Gott in Ihrer Ehe. Wir haben eine ganze Reihe Statistiken recherchiert, die sich mit dem decken, was wir in unseren über 30 Jahren Eheberatung selbst herausgefunden haben. Hier ein paar Beispiele:

Die durchschnittliche Scheidungsrate beträgt 50 Prozent (bei Zweitehen sind es 78 Prozent und bei Drittehen 87 Prozent!). Im Gegensatz dazu bewerten Paare, die jeden Tag miteinander beten, ihr Sexleben mit fünf Sternen, und nur 1 Prozent davon lassen sich später scheiden.

Auch Paare, die jede Woche in die Kirche gehen, geben ihrem Sexleben Bestnoten. Und Paare, die mit anderen Paaren befreundet sind, die ebenfalls an eine langanhaltende Liebe glauben, (etwa aus dem Hauskreis), bewerten ihr Liebesleben sehr positiv.

Aber woher wissen wir, ob Gott uns als Paar unterstützt? In seinem Wort lesen wir, dass die Ehe wie Gottes Beziehung zu seiner Gemeinde ist:

Ihr Männer, liebt eure Frauen so, wie Christus seine Gemeinde liebt, für die er sein Leben gab, damit sie ihm ganz gehört. Durch sein Wort und durch das Wasser der Taufe hat er sie von aller Schuld gereinigt. Wie eine Braut soll seine Gemeinde sein: schön und makellos, ohne Flecken, Falten oder einen anderen Fehler, weil sie allein Christus gehören soll. Darum sollen auch die Männer ihre Frauen lieben wie ihren eigenen Körper. Wer nun seine Frau liebt, der liebt sich selbst. Niemand hasst doch seinen eigenen Körper. Vielmehr hegt und pflegt er ihn. So sorgt auch Christus für seine Gemeinde; denn wir sind Glieder seines Leibes. Erinnert euch an das Wort: „Ein Mann verlässt seine Eltern und verbindet sich so eng mit seiner Frau, dass die beiden eins sind mit Leib und Seele". Das ist ein großes Geheimnis. Ich deute dieses Wort auf die Verbindung zwischen Christus und seiner Gemeinde. (Epheser 5,25–32; HFA)

Haben Sie das verstanden? Wir sollen unseren Partner so lieben, wie Christus seine Gemeinde liebt. Die Welt, in der wir leben, vermittelt uns genau das Gegenteil. Die Medien wollen uns weismachen, dass Singles mehr Sex und heißeren Sex haben. In Fernsehserien wie *Sex and the City* wird (anhand von detaillierten Berichten über das Sexleben von Singles in New York) der Mythos verbreitet, man könne mit vielen One-Night-Stands, die zu nichts verpflichten, den heißesten Sex haben. Das Gegenteil ist der Fall. Nur in der *Ehe* findet man den geschützten Raum für die Liebe und guten Sex. Ein erfülltes Sexleben bekommen Sie nur, wenn Sie sich voll und ganz Ihrem Ehepartner hingeben und zwar nur ihm. Das führen wir in unserem Buch *Red-Hot Monogamy* näher aus:

> Langjährig verheiratete, treue Ehepartner bewerten ihre Zufriedenheit mit dem Sex wesentlich höher als befragte Singles. Das heißt, um die Statistiken angemessen widerzuspiegeln, müssten in der Serie *Sex and the City* ein Pastorenehepaar oder treue Gemeindemitglieder dargestellt werden. Denn wirklich heißen Sex findet man nur bei Ehepaaren, die Gott und ihren Partner ernst nehmen und sich beiden mit Leidenschaft hingeben. Das begegnet Ihnen vermutlich nicht so oft in den Medien.

Wie können Sie das Vertrauen zu Ihrem Partner und damit auch Ihr gemeinsames Liebesleben stärken? Befolgen Sie doch 1. Korinther 4,2 (LUT): *„Nun fordert man* *nicht mehr von den Haushaltern, als dass sie für treu befunden werden"*. Wenn Sie mit dem Sex bis zur Ehe warten, gewinnen Sie das Vertrauen Ihres Partners, denn dann weiß er, dass Sie sich zügeln können und nicht die Beherrschung verlieren. Ihr Partner kann sich dann sicher sein, dass Sie ihm auch in der Ehe treu bleiben und Möglichkeiten, außerhalb der Ehe Sex zu haben, ausschließen werden.

In der Ehe können Sie das Vertrauen Ihres Partners durch romantische Gesten stärken. Verbringen Sie viel Zeit mit Ihrem Partner und halten Sie Ihr Wort, wenn Sie sich eine gemeinsame Nacht versprechen. Seien Sie heute „heiß", indem Sie sich „für treu befinden" lassen und vertrauenswürdig bleiben.

HERR, hilf uns auch in den kleinen Dingen vertrauenswürdig zu sein und segne uns in unserer Ehe mit einem guten Liebesleben. Amen.

16. Tag

In Demut leben

Denn jeder, der sich selbst erhöht, wird erniedrigt werden, und wer sich selbst erniedrigt, wird erhöht werden.

Lukas 14,11 (ELB)

Eines Tages saß ein Mann bei mir in der Beratung. Seine Ehe war gescheitert. Hochmütig tönte es aus ihm heraus, was seine Frau, seine Kinder und sogar Gott jetzt tun müssten. Bei ihm schien der Fehler nicht zu liegen. Es war die Arroganz dieses Mannes, die einen Keil zwischen ihn und seine Familie trieb.

Es kann uns ganz schnell auch so gehen, dass wir eingebildet und selbstgefällig handeln, wenn wir nicht lernen, demütig zu sein. *Demütig sein* bedeutet, sich selbst zurückzunehmen und das griechische Wort *ta*-

peinoõ enthält sogar die Bedeutungen *sich erniedrigen, sich beugen, sich ducken.*[7] Wir haben jeden Tag die Wahl. Entweder nehmen wir unser Leben selbst in die Hand und schreiben Gott vor, wie er uns beizustehen hat, oder wir beugen uns Gott, vertrauen ihm und nehmen unser Leben an, so wie es gerade ist.

Auch in dieser Hinsicht ist uns das Volk Israel ein Vorbild. Immer wenn die Israeliten demütig Gott die Führung für ihr Leben anvertrauten, ging es ihnen sehr gut, denn dann blühte ihre Wirtschaft, ihre Feinde zogen sich zurück, sie lebten in Frieden und jedem Einzelnen ging es persönlich sehr gut.

Es gab aber auch Zeiten, in denen sie dachten, sie könnten ihr Leben selbst gestalten. Dann tat Gott alles, damit die Israeliten zu Demut und Treue gegenüber Gott zurückfanden. Rückschläge sollten sie zur Umkehr bewegen, Propheten mussten sie vor den Konsequenzen ihrer Entscheidungen warnen und schließlich kam großes Unheil über sie, um sie zu erziehen.

In Jesaja 5,18–23 (GNB) lesen wir, wie der Prophet versuchte, das Volk Israel wieder auf Gott aufmerksam zu machen. Er wollte sie zur Demut bewegen, indem er ihnen beschrieb, wie man sich gerade nicht verhalten soll.

- *Wer demütig lebt, lebt mit der Wahrheit.*
  „Weh denen, die sich vor den Karren des Unrechts spannen und ihre Schuld wie mit Wagenseilen hinter sich herziehen" (Jesaja 5,18). Das ist ein Bild von Menschen, die einen ganzen Wagen voller falscher Absichten vollgeladen haben und entschlossen sind, diese zu hegen und zu pflegen. Statt sie abzuladen und durch wirklich wertvolle Waren zu ersetzen, fahren sie mit ihrem Wagen trotzig zu einem Marktplatz, wo sie ihre Ladung, die letztlich niemandem dient, zum Verkauf anbieten.

- Wer demütig lebt, hat Geduld.
  „Sie sagen: ‚Er soll sich beeilen und tun, was er vorhat, der heilige Gott Israels! Er will uns bestrafen? Wir wollen endlich etwas davon sehen!'" (Jesaja 5,19). Manche Menschen verwechseln Gottes konsequente Geduld mit Unfähigkeit. Sie meinen, wenn Gott jetzt nicht handelt, ist er dazu nicht fähig. Aber wer demütig lebt, begreift, dass das keine Machtfrage, sondern eine Frage des richtigen Zeitpunkts des Einschreitens ist.

- Wer demütig lebt, nennt das Gute gut.
  „Weh denen, die Böses gut und Gutes böse nennen" (Jesaja 5,20). Das ist der uralte Konflikt zwischen dem Weg, den Gott für uns vorgesehen hat und dem Weg, den wir tatsächlich gehen. Seit dem Sündenfall bevorzugen die Menschen die Dunkelheit und suchen immer wieder Argumente, um ihre Entscheidungen zu rechtfertigen. Aber wer demütig lebt, sagt: „Ich habe die Welt nicht geschaffen, also nehme ich sie an, so wie sie ist. Ich habe nicht das Recht, das Leben neu zu definieren, aber ich darf die von Gott geschaffenen guten Dinge in meinem Leben genießen."

- Wer demütig lebt, ist bereit dazuzulernen.
  „Weh denen, die sich für weise und verständig halten" (Jesaja 5,21).

- Wer demütig lebt, lebt in Nüchternheit und Selbstbeherrschung.
  „Wehe denen, die Helden sind im Weintrinken und tapfere Männer, wenn es darum geht, starke Getränke zu mischen" (Jesaja 5,22; HFA).

Es ist unglaublich, aber wahr: Wenn man jemanden fragt: „Willst du das Richtige tun, geduldig sein und nach dem Guten streben? Willst du dazulernen und verfügst du über Selbstbeherrschung?“, lautet die Antwort meistens „Ja!“ Trotzdem verhalten sich die meisten Menschen ganz anders.

Entscheiden Sie sich heute dafür, demütig zu leben. Warten Sie entschlossen auf Gottes Handeln. Seien Sie ab heute dafür offen, etwas dazuzulernen, und entscheiden Sie sich heute dafür, sich Gottes Willen zu beugen.

HERR, gib uns die Kraft, um demütig die Welt anzunehmen, so wie du sie geschaffen hast. Amen.

17. Tag

Hingebungsvolle Liebe

Da erklärte Jesus: „Meine Nahrung ist, dass ich den Willen Gottes tue, der mich gesandt hat, und sein Werk vollende."

JOHANNES 4,34 (NLB)

Jesus war ein guter Sohn, und Bill und ich sind froh, dass wir auch drei gute Söhne haben. Ein guter Sohn befolgt die Anweisungen seines Vaters, setzt sich für seine Familie ein und gibt die guten Werte an andere weiter. Gute Töchter tun natürlich das Gleiche. Sie erkennen den Wert ihrer Erziehung und wissen, wie sie darauf aufbauen können.

Kurz nachdem wir John und Barb Schaller kennengelernt hatten, wussten wir, dass die beiden sich besonders innig lieben. Barb schwärmte oft von ihrer gesegneten und glücklichen Ehe mit John, und nach seinen leuchtenden Augen zu urteilen, fühlte John sich sehr zu seiner Frau hingezogen und machte ihr viele Komplimente. Sie sind ungefähr genauso lange verheiratet wie Bill und ich (schon seit über drei Jahrzehnten!).

Ich habe Barb nach dem Geheimnis ihrer langjährigen Beziehung gefragt und sie antwortete mir: „Es fällt meinem Mann leicht, mir zu vergeben, denn er ist gnädig, barmherzig und rücksichtsvoll." Und auch John beantwortete mir dieselbe Frage sehr ähnlich. Er sagte: „Meine Frau kann die Menschen auch dann lieben, wenn sie es einem eigentlich schwer machen, sie lieb zu haben, aber Barb liebt unaufhörlich und bedingungslos." Merken Sie, wie sich beide Antworten ergänzen? Seine Liebe ist grenzenlos und sie liebt ihn genauso.

Sie sind Eigentümer der Morning-Star-Molkerei und wohnen immer noch dort, wo John aufgewachsen ist. Als jüngstes von zwölf Kindern hat er erlebt, wie sich seine Eltern ihr Leben lang geliebt haben, und bis heute herrscht auf dem Milchhof ein liebevoller Umgang.

John erinnert sich an seine Mutter als eine Frau, die immer ein gutes Wort für ihre Familie hatte, sie überschwänglich liebte und ihr aufopfernd diente. Oft drückte sie ihre Liebe zu ihrem Mann aus, indem sie zu ihm flitzte und dabei rief: „Ich bin schon unterwegs, Daddylein." Diese Tradition setzen die Schallers fort, denn manchmal nennt Barb ihren Mann John *Daddy*, der ihr dann zuzwinkert und mit einem breiten Grinsen im Gesicht sagt: „Für dich bin ich *Daddylein*."

Die Frage ist nun: Wie kann man als Paar eine Tradition der Liebe aufbauen und von Generation zu Generation weitergeben? Machen Sie es wie John und Barb, indem Sie Ihren Partner *überschwänglich lieben* und ihm *hingebungsvoll* dienen. Zu lieben heißt, die Herzenshaltung eines Dieners zu haben. Am besten dient man seinem Partner so, wie es der Apostel Paulus in Philipper 2,3–7 (GNB) beschreibt:

> *„Handelt nicht aus Selbstsucht oder Eitelkeit! Seid bescheiden und achtet den Bruder oder die Schwester mehr als euch selbst. Denkt nicht an euren eigenen Vorteil, sondern an den der anderen, jeder und jede von euch! Habt im Umgang miteinander stets vor Augen, was für einen Maßstab Jesus Christus gesetzt hat: Er war in allem Gott gleich, und doch hielt er nicht gierig daran fest, so wie Gott zu sein. Er gab alle seine Vorrechte auf und wurde einem Sklaven gleich."*

Bitten Sie Gott heute darum, dass er Ihnen hilft, zuerst auf Ihren Partner zu sehen, und versuchen Sie, seine Bedürfnisse über Ihre eigenen Wünsche zu stellen.

Wenn Sie eine dienende Haltung haben, werden das auch Ihre Kinder bemerken und vielleicht legen Sie damit sogar den Grundstein für eine überschwängliche Liebe in Ihrer ganzen Familie.

HERR, hilf mir, meine Wünsche nicht über die meines Partners zu stellen, sondern seine Bedürfnisse besser wahrzunehmen. Jesus, lass mich so mitfühlen und lieben wie du. Wir wollen Werte weitergeben, die deinen Willen widerspiegeln. Amen.

18. Tag

Hilfe, hab ich das wirklich gesagt?

So kann auch die Zunge, so klein sie auch ist, enormen Schaden anrichten.

Jakobus 3,5 (NLB)

Neulich unterhielt ich mich mit Pam. Wir redeten und lachten, hatten einfach Spaß und tauschten uns über unsere bisherige Woche aus. Plötzlich rutschte mir eine sehr unsensible Bemerkung heraus. Ich weiß auch nicht, warum.

In dem Moment merkte ich, welchen Schaden ich gerade angerichtet hatte. Nur leider war es schon gesagt. Ich war fassungslos, dabei wollte ich doch gar nicht gemein sein, geschweige denn meine Frau verletzen. Doch meine Worte waren gedankenlos, böse und verletzend.

Es gibt ganz bestimmt Momente im Leben, wo wir uns kindisch verhalten. Manchmal können wir uns dann noch auf die Zunge beißen, aber ich konnte es leider in dem Augenblick nicht.

Ich verstehe es auch nicht. Pam und ich hatten uns so gut unterhalten. Ich war auch nicht gereizt. Es war einfach ein falscher Zungenschlag und Pam war überrascht, dass mir so scharfe Worte über die Lippen gekommen waren, denn sonst bin ich nicht so unsensibel, aber an ihrem starren Blick konnte ich sofort ablesen, dass ich etwas Falsches gesagt hatte.

Ohne zu zögern entschuldigte ich mich bei ihr und sagte: „Pam, hab ich das wirklich gesagt? Es tut mir leid. Ich wollte nicht so unsensibel sein. Wahrscheinlich hab ich einfach nicht nachgedacht, denn sonst hätte ich so etwas doch nie zu dir gesagt."

Pam saß danach immer noch ganz sprachlos da, also fuhr ich fort: „Pam, ich kann es wirklich nicht fassen, dass ich das eben zu dir gesagt habe. Ich meine es auch nicht so, wie ich es gesagt habe. Keine Ahnung, wie mir das passieren konnte. Ich konnte die Worte leider nicht mehr zurückhalten. Sie polterten so schnell aus meinem Mund, als ob sie ein Eigenleben hätten. Es tut mir leid, dass ich dich eben so verletzt habe."

Mit dieser Entschuldigung konnte ich die Stimmung wieder auflockern und Pam ließ noch einmal Gnade vor

Recht ergehen, nach dem Motto: „Im Zweifel für den Angeklagten".

Das hätte eine hässliche Erinnerung werden können, aber zum Glück konnten wir gleich darüber lachen. Meine Frau hat mir verziehen, weil ich sonst immer ein sehr einfühlsamer Mensch bin. Es ist ihr auch bewusst, dass sich die Zunge manchmal verselbstständigt und man sie nicht immer im Zaum halten kann.

Somit war mein Missgeschick ein gutes Beispiel für Jakobus 3,2–10 (NLB):

> *„Wir alle machen viele Fehler, aber wer seine Zunge im Zaum hält, der kann sich auch in anderen Bereichen beherrschen. [...] So kann auch die Zunge, so klein sie auch ist, enormen Schaden anrichten. Ein winziger Funke steckt einen großen Wald in Brand! Die Zunge ist wie eine Flamme. [...] Sie ist der Teil des Körpers, der alles beschmutzen und das ganze Leben zerstören kann, wenn sie von der Hölle selbst in Brand gesteckt wird. [...] Mit ihr loben wir Gott, unseren Herrn und Vater; dann wieder verfluchen wir mit ihr andere Menschen, die doch als Ebenbilder Gottes geschaffen sind. So kommen Segen und Fluch aus demselben Mund. Und das, meine Freunde, darf nicht so sein!"*

Ich möchte nicht zweimal denselben Fehler machen und die bösen Worte, die ich zu Pam gesagt habe, wiederholen, aber sicher können Sie sich auch so vorstellen, in welche Situation ich meine Frau damit gebracht hatte.

Versuchen Sie heute kurz innezuhalten, bevor Sie mit irgendetwas herausplatzen. Schreiben Sie Ihre Gedanken vor einem Gespräch auf. Wenn Sie dazu neigen, in Fettnäpfchen zu treten, nehmen Sie doch mal Ihre eigene Rede vorher auf. Hören Sie sich die Aufnahme anschließend an und überlegen Sie, wie Sie das Gemeinte anders formulieren könnten, um so mit Ihrem Partner, Ihren Kindern, Freunden oder Kollegen zu sprechen, wie Gott es tun würde.

HERR, mach uns sensibel für unseren Nächsten und lass uns freundlich miteinander reden. Schenke, dass uns vergeben wird, wenn wir etwas Falsches gesagt haben. Amen.

19. Tag

Mit dem Druck fertig werden

Denn durch solche Bewährungsproben wird euer Glaube fest und unerschütterlich.

Jakobus 1,3 (HFA)

Ich, Pam, bin auf einem Bauernhof aufgewachsen. Da war das Einkochen von Gemüse an der Tagesordnung. Dafür benutzten wir einen Schnellkochtopf. Die Online-Küchenexpertin Miss Vickie beschreibt die Funktionsweise eines Schnellkochtopfs wie folgt:

> „Um richtig heißen Dampf zu erzeugen (bzw. eine höhere Siedetemperatur zu erreichen), muss man den Wasserdampfdruck erhöhen.

> Bei einem Schnellkochtopf kann man den Topf mit einem speziellen Deckel luftdicht verschließen, sodass kein Dampf austreten kann. Wenn man dann die Temperatur erhöht, steigt auch der Wasserdampfdruck. [...] Auf diese Weise erreicht man das sechsfache Wärmepotenzial. [...] Deshalb gilt das Kochen mit einem Schnellkochtopf als eine der effektivsten Arten zu kochen."[8]

Druck kann auch Ihre Ehe verbessern. Wenn Sie Gemüse mit einem Schnellkochtopf einkochen, haben Sie später eine leckere Mahlzeit. Genauso ist es mit der Ehe, denn sie kann „schmackhafter" werden, wenn Sie richtig mit Druck umgehen.

In meinem Buch *10 Secrets to Living Smart, Savvy and Strong* erzähle ich davon, welchem Druck unsere Ehe einmal ausgesetzt war. Bill war erkrankt, unsere drei Söhne hatten sich allesamt beim Sport verletzt, mein Bruder hatte einen Herzinfarkt und mich quälte die Frage, wem ich zuerst helfen sollte. Hinzu kamen ein finanzieller Engpass und ein schlimmer Streit mit lieben Freunden von uns.

Und das passierte alles in einer Zeit, als ich aufgrund meines Alters Hitzewallungen, nächtliche Schweißausbrüche und anderes durchmachte.

Auch der Apostel Paulus wusste, was Stress ist: *„In allem sind wir bedrängt, aber nicht erdrückt; keinen Ausweg sehend, aber nicht ohne Ausweg; verfolgt, aber nicht verlassen; niedergeworfen, aber nicht vernichtet."* (2. Korinther 4,8–9; ELB)

Manchmal bekommen wir einen Schlag ins Gesicht, aber danach können wir wieder aufstehen. Geht es Ihnen und Ihrem Partner manchmal auch so? Werden Sie gerade von allen Seiten bedrängt und sehen einfach keinen Ausweg aus Ihrer Situation?

Da kann es leicht passieren, dass Sie Ihrem Gegenüber Vorwürfe machen und sagen: „Hätte er sich nicht mal darum kümmern können?" oder „Das hätte sie doch wissen müssen."

Aber damit steigern Sie sich nur in etwas hinein. Das ist so, als ob Sie den Deckel zu früh vom Schnellkochtopf abnehmen würden. Und schon haben Sie eine Riesensauerei!

Wenn Sie den Deckel vom Schnellkochtopf nehmen, bevor der Dampf vollständig abgelassen wurde, geht alles sprichwörtlich „an die Decke" und Sie können die Küche wischen. Genauso ist es in der Ehe. Wenn die Emotionen hochkochen, dann versuchen Sie, einen Wutausbruch zu vermeiden. Warten Sie lieber, bis sich der Ärger gelegt hat. Dann können Sie besser mit Ihrem Partner sprechen.

In unserem Buch *Die 10 besten Entscheidungen, die ein Ehepaar treffen kann*[9] zeigen wir, wie wir in der Ehe mit Druck umgehen. Wenn Sie sich gegenseitig Vorwürfe machen, erhöhen Sie nur den Druck „im Schnellkochtopf“, bis einer von Ihnen „an die Decke geht“. Machen Sie es doch lieber wie wir. Entriegeln Sie den Deckel, indem Sie vorsichtig das Ventil öffnen. Sagen Sie: „Es liegt nicht an dir oder mir. Es sind einfach die Umstände.“

HERR, hilf uns, dass wir uns nicht gegenseitig Vorwürfe machen, sondern sanft miteinander umgehen, wenn die Emotionen hochkochen. Amen.

20. Tag

Werkzeuge für Gott?

Stellt auch nicht eure Glieder der Sünde zur Verfügung als Werkzeuge der Ungerechtigkeit, sondern stellt euch selbst Gott zur Verfügung als Lebende aus den Toten und eure Glieder Gott zu Werkzeugen der Gerechtigkeit!

RÖMER 6,13 (ELB)

Don und Darla waren gespannt, als Pastor Steve Larson sein Predigtthema nannte. Es lautete „Konsumgüter – schmückendes Beiwerk oder Werkzeuge für Gott?" Es war eine Sache, den Gedanken der Predigt zu folgen, aber sie zu leben, war eine völlig andere. Im Grunde hängen wir alle an den Dingen, die das Leben schöner machen. Wir schmücken uns gern damit und sind stolz, sie zu besitzen. Außerdem macht unser schmückendes Beiwerk ganz schön was her. Wer will darauf schon verzichten? Aber Gott möchte, dass wir diese Sachen als Werkzeuge für ihn benutzen. Er ruft uns dazu auf, ihm unseren Besitz und sogar unser Leben frei zur Verfügung zu stellen. Gott bittet Sie, Ihre Zeit, Ihre Gaben und Ihre „Schätze" ganz ihm zu geben.

Uns sind im Laufe der Zeit viele Menschen begegnet, die sich selbst und ihren Besitz als Werkzeuge für Gottes Reich zur Verfügung gestellt haben.

Don und Darla haben den Rat ihres Pastors angenommen, indem sie nach einem Gottesdienst eine Sportwagen-Vorführung veranstalteten, wo Don auch seine restaurierte und wertvolle Corvette zur Schau stellte, um außenstehende Männer neugierig zu machen und sie für die Kirche zu begeistern.

Jerry und Lane haben die Jugendgruppe ihrer Gemeinde zum Grillen und Baden in ihren Garten eingeladen. Bei Marion und Brian hatten wir viele schöne Love-Wise-Treffen (vgl. www.love-wise.com) und zum Bibellesen trafen wir uns abwechselnd bei Jack und Robin, Mark und Maria oder Steve und Penny. Rose und Dan haben ihre Jetski zum Vatertag verliehen. Rob und Melinda, die Inhaber eines exklusiven Modeladens, haben Pam für ihre Vortragsreihe neu eingekleidet. Bill und Nora haben unser Auto mitfinanziert, damit wir zur Weiterbildung fahren konnten, und nachdem wir in eine hübsche kleine Wohnung umgezogen waren, bekamen wir von Bill und Janeen einen neuen Kühlschrank. Außerdem haben wir vier Monate lang mietfrei bei Barbara und Tom gewohnt und konnten so etwas Geld für unsere Weiterbildungen sparen.

Wir könnten an dieser Stelle noch viele weitere Namen von Menschen nennen, die sich von Gott gebrauchen ließen, um uns, unsere Familie und unseren Dienst im Reich Gottes zu unterstützen. Wenn unsere Freunde nicht dazu bereit gewesen wären, würden Sie dieses Buch jetzt vielleicht nicht in den Händen halten.

Was wir sind und was wir haben, verdanken wir Gott allein, denn er hat uns das, was wir haben, anvertraut, aber er möchte es auch für sein Reich gebrauchen.

Dein, HERR, ist die Größe und die Stärke
und die Herrlichkeit und der Glanz
und die Majestät;
denn alles im Himmel und auf Erden ist dein.
Dein, HERR, ist das Königtum,
und du bist über alles erhaben als Haupt.
Und Reichtum und Ehre kommen von dir,
und du bist Herrscher über alles.
Und in deiner Hand sind Macht und Stärke,
und in deiner Hand liegt es,
einen jeden groß und stark zu machen.
(1. Chronik 29,11-12; ELB)

Und Sie? Was haben Sie zu geben? Haben Sie ein Zuhause, ein Auto, ein Boot oder etwas anderes, das Gott vielleicht dazu gebrauchen könnte, damit Menschen Jesus kennenlernen?

Jedes Jahr zu Weihnachten haben einige Familien aus unserer Umgebung ihre Türen geöffnet, um mit anderen gemütlich zu feiern. Einige Frauen haben Kuchen gebacken, den Tisch liebevoll dekoriert und Menschen, die Jesus noch nicht kannten, zu sich eingeladen, um mit ihnen Weihnachten zu feiern. Und ihre Ehemänner haben Freunde mit ihren Söhnen zum Football mitgenommen und diese Veranstaltung sogar missionarisch genutzt. Sie haben sich für andere geöffnet, damit viele Menschen Jesus kennenlernen und ihm nachfolgen.

Überlegen Sie mal, was Sie mit anderen teilen oder wie Sie ein Werkzeug für Gott sein könnten.

HERR, gib uns ein großzügiges Herz. Unsere Zeit, unsere Gaben und unser Besitz sollen dir gehören. Dir wollen wir alles geben, weil wir alles, was wir sind und haben, allein dir verdanken. Amen.

21. Tag

Schwächen als Stärken wahrnehmen

Fragt nach dem richtigen Weg, und dann beschreitet ihn.

JEREMIA 6,16 (HFA)

Es ist so schön, wenn ein Paar Schwierigkeiten überwindet und zusammenhält. Neulich haben wir einen Mann und seine Frau kennengelernt, die sich entscheiden mussten, ob sie entweder etwas in ihrer Beziehung verändern und sich dabei gemeinsam weiterentwickeln wollen oder ob sie lieber alles beibehalten und mit ihren familiären Problemen leben wollen. Beide waren enttäuscht darüber, dass ihre Beziehung mit der Zeit so angespannt wurde. Sie lieben sich, aber ihr Zusammenleben gestaltete sich komplizierter, als es sein müsste.

Er ist der entspannte Typ und seine Devise lautet: „Lass es ruhig angehen. Alles wird gut". Genau diese Lebenseinstellung fand sie an ihm früher immer so anziehend, denn mit ihm schien alles so leicht zu sein. Er schätzte an ihr besonders ihre sehr sensible Art, mit der sie ihm das Gefühl gab, gebraucht zu werden. Sie dachten, es würde immer so sein, aber leider änderte sich das mit der Zeit.

Inzwischen haben sie zwei Kinder und sind beide voll berufstätig. Manchmal ärgerten sie sich über die Eigenschaften, die sie früher so an ihrem Partner liebten. Sie arbeitet aufgabenbezogen, das heißt, sie konzentriert sich vor allem auf die einzelnen Dinge, die noch erledigt werden müssen. Schließlich will sie ihre Kinder gut versorgt wissen. Leider fühlt ihr Mann sich dadurch gestresst, denn er arbeitet nicht gerne Listen ab. Lieber nimmt er sich mal einen Nachmittag frei und spielt mit seinen Kindern. Jeder ging also seinen eigenen Weg und empfand dabei die Stärken des anderen durchaus auch mal als eine Last.

Diese Einstellung hätte ihre Beziehung zerstören können. Wenn die beiden so weiter gemacht hätten, wären sie bald sehr unzufrieden gewesen und hätten womöglich aufgegeben. Sie haben sich aber bewusst gemacht, dass sie das störte, was sie ja eigentlich an ihrem Partner lieben. Diese Einsicht hat ihnen dabei geholfen, zu ihrer früheren leidenschaftlichen Beziehung zurückzufinden.

Wenn es Ihnen auch so geht, dann überlegen Sie doch mal, über welche Charaktereigenschaften Ihres Partners Sie sich früher am meisten gefreut haben, und denken Sie daran, dass Sie sich ergänzen und alleine nie so gut zurechtkommen würden. Man muss Geduld mit sich haben, bis man das so sehen kann, aber dann wird es leichter.

> *„So spricht der Herr zu seinem Volk: ‚Stellt euch an die Straßen, und erkundigt euch, welchen Weg eure Vorfahren gegangen sind. Fragt nach dem richtigen Weg, und dann beschreitet ihn. So findet ihr Ruhe für euer Leben'."*

Als wir diese Worte aus Jeremia 6,16 lasen, mussten wir an dieses Paar denken. Es gibt immer einen Weg, der zu einem ruhigeren Leben führt. Das bedeutet nicht, dass das Leben leichter wird, sondern dass wir anerkennen, wie Gott uns und unsere Lebensumstände geschaffen hat.

Zu viert haben wir dann besprochen, wie besonders Gott jeden von ihnen gemacht hat. Das hat ihnen geholfen. Sie sagte daraufhin: „Mein Mann nimmt das Leben so leicht, dass ich ihm nicht mehr zugetraut habe, selbst eine Entscheidung zu fällen. Deswegen hatte ich dann die Verantwortung für unsere Familie allein übernommen. Aber das machte ihn nur noch passiver." Er antwortete: „Sie wurde so hektisch, dass ich dachte, ich muss Abstand halten, sonst stecken wir mit dem ganzen Stress noch die Kinder an."

Nach diesem Gespräch einigten die beiden sich darauf, vorher gemeinsam abzusprechen, wer je nach seinen Charaktereigenschaften in der jeweiligen Situation am besten eine Entscheidung treffen sollte. Heute sagen sie: „Wir sind sicher, dass das die beste Lösung für uns ist."

Wir freuen uns, dass die beiden nun einen Weg gefunden haben, den sie gemeinsam gehen können. Das hat ihre Liebe gestärkt.

Dieser Ansatz spiegelt übrigens ein bekanntes Prinzip für Ehepaare wider, das wir aus der Bibel kennen. Es lautet: „*Ordnet euch einander unter; so ehrt ihr Christus.*" (Epheser 5,21; HFA)

Jesus, zeig uns heute wieder neu, welche Eigenschaften wir an unserem Partner lieben, und wie unsere Familie einen großen Nutzen aus unseren Unterschieden ziehen kann. Amen.

22. Tag

Kuleana

Was wir gesehen und gehört haben, das verkündigen wir auch euch, damit auch ihr mit uns Gemeinschaft habt; und unsere Gemeinschaft ist mit dem Vater und mit seinem Sohn Jesus Christus.

1. Johannes 1,3 (LUT)

Kuleana ist hawaiianisch und bezeichnet Menschen, die Verantwortung für andere übernehmen. Die *Kuleana* stehen für die Fehler anderer ein und unterstützen sie im Alltag.

Das Leben ist manchmal wie ein Hochseilakt, und dann ist es schön, *Kuleana* zu haben, die unten mit einem Netz bereitstehen, um Sie aufzufangen. Das sind Freunde und Familie, Menschen, die Sie richtig gut kennen und die Ihnen, Ihren Kindern und Ihren Enkeln beistehen. Und das sind Menschen, die in Sie investieren, wie z. B. Mentoren oder andere Leiter. Natürlich ist auch Ihr Partner Ihr *Kuleana*.

Es ist ratsam, sich in der Partnerschaft gegenseitig ein *Kuleana* zu sein, dem man offen und ehrlich alles anvertrauen kann. Es geht dabei um ein hohes Verantwortungsbewusstsein. Gott möchte, dass wir Verantwortung für unseren Nächsten übernehmen. Es gibt in der Bibel viele Begriffe, die das zum Ausdruck bringen.

Koinonia, das heißt **Gemeinschaft,** umfasst eine durch gemeinsame Anschauungen empfundene Verbundenheit und schließt die gegenseitige Ermutigung und Ermahnung mit ein.

Ermutigung bedeutet, jemanden positiv zu bestärken und in seinem Tun zu unterstützen.

Eine **Ermahnung** soll jemanden daran erinnern, was richtig ist.

Gott möchte also, dass wir unseren Weg gemeinsam, also in Gemeinschaft mit anderen gehen. Dabei sollen wir uns gegenseitig ermutigen und ermahnen.

Bill und ich werden oft gefragt: „Was macht Ihre Beziehung so stark?" Und unsere Antwort auf diese Frage ist, dass wir uns gegenseitig ein *Kuleana* sind, denn wenn wir Probleme haben, sagen wir es uns sofort. Immer mehr Menschen behalten ihre Sorgen, Sünden und negativen Gedanken für sich. Sie haben damit die besten

Absichten, schließlich wollen sie ihren Partner vor schlechten Neuigkeiten schützen und nicht verletzen.

Wir sind davon überzeugt, dass man am besten alles erst einmal Gott anvertraut. Er wird Ihnen dann jemanden vor Augen führen, mit dem Sie sprechen können. Meistens wird das Ihr Partner sein. Mit ihm können Sie Ihre Probleme besprechen, denn immerhin kennt Ihr Partner Sie ja sehr gut.

Bill und ich sind füreinander verantwortlich, in allen möglichen Bereichen unseres Lebens: Wir entscheiden gemeinsam, wofür wir Geld ausgeben oder sparen, wie oft wir Sport treiben, welche TV-Sendungen wir sehen, was wir lesen, wie wir unsere Kinder erziehen und wie wir geistlich leben wollen.

Wir haben Gemeinschaft (koinonia), das heißt, im Gebet stehen wir füreinander ein, lesen gemeinsam in der Bibel und dienen einander entsprechend unserer Gaben. Außerdem wollen wir dem anderen ein *Kuleana* und eine Stütze sein, wenn er fällt.

Wenn Gott uns ermutigt oder der Heilige Geist uns ermahnt und uns klar wird, wie wir Gott besser ehren können, sprechen wir darüber. Dadurch sind wir wie zwei Magnete miteinander verbunden.

Auch in unserem Freundeskreis herrscht das *Kuleana-* bzw. *Koinonia-Prinzip*, das heißt, wir teilen uns immer mit, was Gott uns zurzeit ans Herz gelegt hat. Da wir Gott jeden Tag nach seinem Willen für unser Leben fragen, haben wir uns auch immer etwas zu erzählen, nicht nur unter Freunden, sondern auch in unserer Ehe.

Machen Sie heute doch mal einen Spaziergang mit Ihrem Partner oder trinken Sie mit ihm eine Tasse hawaiianischen Kona-Kaffee und fragen Sie ihn: „Worüber ist Gott mit dir gerade im Gespräch?“ Tauschen Sie sich darüber aus und seien Sie ein guter *Kuleana*.

HERR, hilf uns, uns gegenseitig zu ermutigen und zu ermahnen. Lass uns eine *Koinonia*, eine Gemeinschaft haben, durch die wir das Beste im anderen wecken, weil wir eine Beziehung mit dir haben. Amen.

23. Tag

Mit dem Herzen verstehen

Kinder, lasst uns nicht lieben mit Worten noch mit der Zunge, sondern in Tat und Wahrheit!

1. Johannes 3,18 (ELB)

Nach und nach reisen wir in alle zwölf Länder, in denen unser Buch *Männer sind wie Waffeln – Frauen sind wie Spaghetti*[10] erschienen ist. Damit wir uns in den jeweiligen Kulturen verständigen können, werden wir oft von Dolmetschern begleitet. Das, was wir im Englischen formulieren, übertragen sie dann zuverlässig in die jeweilige Fremdsprache, damit ihre Landsleute verstehen, was wir eigentlich sagen wollen. Dabei übersetzen sie nicht wortwörtlich, sondern sie formulieren unsere Hauptgedanken um und verwenden geläufige Sprachmuster und

Redewendungen, damit unsere Zuhörer den Kern der Botschaft erfassen können.

Wäre es nicht wunderbar, wenn es in unserer Ehe auch einen Dolmetscher gäbe, wenn man also jemanden hätte, der einschreitet, sobald es zu einem Missverständnis kommt? Gott sei Dank haben wir da jemanden. Der Heilige Geist kann Ihr Dolmetscher sein. Niemand kennt Ihren Partner so gut wie Gott, also kann Ihnen der Heilige Geist dabei helfen, den Sinn hinter den manchmal rätselhaften Worten Ihres Partners zu erkennen.

Wer liebt, legt die Worte des anderen im Zweifelsfalle positiv aus. Der Apostel Paulus schreibt dazu in Philipper 1,7 (NLB): *„Es ist nur natürlich, wenn ich so empfinde, denn ihr liegt mir sehr am Herzen"*. Paulus hat die Gemeinde in Philippi unvoreingenommen geliebt und als er dies schrieb, lobte er sie. Laut Bibelkommentar „ging es nicht darum, ob Paulus im Gefängnis saß [...] oder frei war, sondern darum, dass die Gemeinde in Philippi erkannt hatte, was Gott durch Paulus bewirkt. [...] Paulus war ihnen für ihr Mitgefühl sehr dankbar."[11]

Das gilt auch für die Ehe. Wenn Ihr Partner Ihnen am Herzen liegt, dann denken Sie nur Gutes über ihn und seine Worte. Wenn er Ihnen aber nicht mehr am Herzen liegt, dann bewerten Sie nur noch sein Verhalten. Das ist problematisch, denn niemand kann sich auf Dauer perfekt benehmen. Vertrauen Sie Ihrem Partner lieber, legen Sie seine Worte im Zweifelsfalle positiv aus und gehen Sie immer davon aus, dass er Ihr Bestes will.

Wenn Ihr Partner das nächste Mal etwas Verletzendes zu Ihnen sagt, dann überlegen Sie doch, welche Botschaft der Liebe dahinter stecken könnte. Vertrauen Sie ihm, dass er es gut mit Ihnen meint. Er ist Ihr Berater. Wer kann schon so offen mit Ihnen reden wie Ihr Partner? Legen Sie seine Worte nicht auf die Goldwaage. Ihr Partner liebt Sie schon so lange. Gehen Sie davon aus, dass er aus Liebe zu Ihnen spricht, auch wenn seine Wortwahl ungünstig ist.

HERR, lass uns in das Herz unseres Partners sehen, wenn es hart auf hart kommt und räume Missverständnisse aus. Heiliger Geist, hilf uns, das Gesagte mit unserem Herzen zu übersetzen, damit wir die Liebe in den Worten des anderen erkennen. Amen.

24. Tag

Ich liebe dich!

Liebe und Wahrheit haben sich verbündet.
Gerechtigkeit und Frieden küssen sich!

Psalm 85,11 (NLB)

In unserem Schlafzimmer hängt ein wunderschönes Bild von einem berühmten Fotografen. Es ist eine Schwarz-Weiß-Aufnahme mit kolorierten Elementen. Das Foto zeigt Bill und mich, aber unsere Gesichter kann man unter meinem riesigen Hut nicht sehen. Auf dem Bild stehe ich auf Zehenspitzen, um Bill leidenschaftlich zu küssen. Ich recke also den Hals, um seine Lippen mit meinen zu berühren. (Wahrscheinlich kommt daher auch die Redewendung „sich Hals über Kopf in jemanden verlieben".) Unser Bild wurde sogar auf dem Buchcover eines Eheratgebers der gemeinnützigen Organisation *Focus on the Family* abgebildet.

Durch Zärtlichkeit wird eine Ehe gestärkt, sei es durch

- einen flüchtigen verliebten Blick,
- eine kurze Umarmung,
- ein Sich-bei-der-Hand-Fassen oder
- durch Füßeln unter dem Tisch.

Kleine Berührungen im Alltag zeigen Ihrem Partner Ihre Zuneigung und stärken Ihre Ehe.

Zu unserer Fotografie im Schlafzimmer passt auch dieser Bibelvers: *„Liebe und Wahrheit haben sich verbündet. Gerechtigkeit und Frieden küssen sich!"* Darin findet man die Zutaten für eine glückliche Ehe wieder:

Liebe *und* Wahrheit: Mit leidenschaftlicher Liebe bleiben Sie und Ihr Partner Feuer und Flamme füreinander, aber zur Leidenschaft gehören auch Wahrheit und Treue. Als wir für unser Buch *Red-Hot Monogamy* recherchierten, haben wir Studien gefunden, die belegen, dass eine Frau in allererster Linie durch Vertrauen zum sexuellen Höhepunkt findet. Und wer sich sicher ist, dass der Partner treu ist, kann dieses Vertrauen fassen.

Gerechtigkeit *und* Frieden: Auch in der Ehe ist es wichtig, das Richtige zu tun. Die richtigen Zutaten für die Liebe sind z. B. eine gelungene Kommunikation, ein freundlicher Umgang miteinander und eine dienende Haltung.

Manche Menschen, die es besonders gut meinen, ertappen sich ab und zu dabei, wie sie ihren Partner immer wieder verbessern. Es ist zwar leicht, die Fehler bei dem anderen zu entdecken, aber es ist nicht immer richtig, dem Partner zu vermitteln, dass er sich ändern müsse. Stattdessen sollten Sie Gerechtigkeit und Frieden in Ihre Ehe einfließen lassen. Dazu müssen wir manchmal ein Auge zudrücken und dem Partner entgegenkommen. Meine Freundin hat zum Beispiel erkannt, dass es nicht unbedingt richtig war, ihrem Mann vorzuschreiben, wie er sein Butterbrot zu bestreichen hätte, denn das ist nicht weltbewegend. Sie hat sich gleich bei ihm entschuldigt und so für Frieden in ihrer Ehe gesorgt.

Nehmen Sie sich selbst nicht so wichtig und bemängeln Sie am besten nur die Dinge, die wirklich wichtig sind. Seien Sie gerecht zu Ihrem Partner, indem Sie ein Versprechen halten, ehrlich sind und ihn so lieben, wie Gott ihn liebt.

HERR, hilf mir meinen Partner mit all den Zutaten aus Psalm 85,11 zu lieben. Schenke, dass Liebe und Wahrheit sich in unserer Ehe verbünden und Gerechtigkeit und Frieden sich küssen. Gib, dass wir uns unsere Zuneigung durch kleine Gesten im Alltag zeigen. Amen.

25. Tag

Guten Morgen, Schatz!

Herr, schenke uns deine Liebe jeden Morgen neu!
Dann können wir singen und uns freuen, solange wir leben!

Psalm 90,14 (HFA)

Ich mag meinen Wecker. Ja, ich weiß, das klingt merkwürdig, aber es ist wahr. Ich habe nämlich den besten Wecker der Welt, und der Morgen ist meine liebste Tageszeit – wegen meiner Beziehung zu meinem Wecker. Genau, das ist natürlich Bill! Er weckt mich jeden Morgen mit einem zarten Kuss und flüstert: „Guten Morgen, Schatz! Zeit zum Aufstehen." Manchmal bleibt es nicht nur bei diesem einen Kuss, aber meistens ist der Tag schon so vollgepackt, dass ich gleich aufstehen muss. Trotzdem gebe ich meinem Mann immer auch einen leidenschaftlichen Guten-Morgen-Kuss zurück. Dann sind wir schon mal eingestimmt für eine spätere Verabredung.

Man mag es kaum glauben, aber durch das Küssen am Morgen starten wir viel leichter in den Tag und sind auch tagsüber besser gelaunt.

Es hat sich herausgestellt, dass jede Art der morgendlichen Begrüßung förderlich für eine glückliche Ehe ist. In der *Women's Health* las ich von einer Studie, die ergeben hatte, dass Frauen, die Ihre Ehemänner mit einem freundlichen „Guten Morgen" begrüßen, einen besseren Tag haben als Frauen, die das nicht tun. 94 Prozent der Paare, die sich einen guten Morgen wünschen, bewerten ihre Beziehung sogar mit dem Gütesiegel „ausgezeichnet".[12]

Natürlich ist der Morgen auch für Gott sehr wichtig. Es gibt über 200 Bibelstellen, wo der Morgen genannt wird, z. B. in Psalm 65,9; ELB): *„Und so fürchten sich die Bewohner der Enden der Erde vor deinen Zeichen; die Aufgänge des Morgens und des Abends lässt du jauchzen"*. Gott ist in jedem Sonnenaufgang. Er feiert im Himmel und lässt dabei den Morgen entstehen.

Bill und ich sammeln Fotos von Sonnenauf- und -untergängen. Auf unseren Computern haben wir schon ganz viele davon abgespeichert. Der Vorteil unserer vielen Reisen ist, dass wir ständig neue Fotos von Sonnenaufgängen schießen können. Die Sonne, die hinter einem Berggipfel, über dem Meer oder über einer Blumenwiese aufgeht oder die zwischen den Wolkenkratzern scheint; diese Bilder strahlen so viel Hoffnung und Freude aus.

Schauen Sie im Internet nach, wann die Sonne aufgeht, und versprechen Sie Ihrem Partner, ihn morgen mit einem Kuss und einem Sonnenaufgang zu wecken. Einer von Ihnen ist der „Wecker" und der andere erwidert die freundliche Begrüßung mit einer zärtlichen Berührung. Genießen Sie dann bewusst den Sonnenaufgang, mit dem Gott Sie beschenken möchte.

HERR, lass uns morgen beim Aufwachen die gleiche Freude miteinander teilen, die du uns täglich mit einem Sonnenaufgang zeigst. Amen.

26. Tag

Herr, erbarme dich!

Er forderte sie auf: „Fleht den Gott des Himmels um Erbarmen an!"

Daniel 2,18 (GNB)

In welch missliche Lage war Daniel da geraten? Der König hatte einen bösen Traum und drohte damit, alle seine Weisen und Berater töten zu lassen, sollten sie ihm seinen Traum nicht richtig deuten. Auch Daniels Leben hing davon ab, ob er dem König seinen Traum auslegen konnte.

Daniel eilte nach Hause und berichtete seinen Freunden Hananja, Mischaël und Asarja, was geschehen war. Er forderte sie auf: *„Fleht den Gott des Himmels um Erbarmen an! Bittet ihn, dass er mir das Geheimnis enthüllt, damit wir nicht mit den übrigen Weisen Babyloni-*

ens umgebracht werden!" (Daniel 2,17–18; NLB) Das hat uns zum Nachdenken angeregt. Wenn uns ein Todesurteil bevorstünde, würden wir natürlich auch beten. Daniel musste keine großen Worte machen, um seine Freunde zum Beten zu bewegen, schließlich ging es um Leben und Tod. Das reichte ihnen natürlich als Motivation zum Beten.

Gott sei Dank schweben wir zurzeit nicht in Lebensgefahr. Trotzdem haben wir uns gefragt, was *uns* eigentlich zum Beten motiviert. Was bewegt uns dazu und was gibt uns die Kraft, unsere Ziele auch in schweren Zeiten zu verfolgen? Wir haben hier ein paar Beispiele aufgeschrieben, was uns motiviert:

Wir haben eine Beziehung zu dem lebendigen Gott. Nachdem Gott Daniel die Bedeutung des Traumes offenbart hatte, betete Daniel: *„Ich danke dir, Gott meiner Vorfahren, und preise dich, weil du mir Weisheit und Kraft geschenkt hast. Du hast unsere Gebete erhört und hast mich wissen lassen, was wir uns von dir erbaten: Du hast uns das Geheimnis des Königs enthüllt"* (Daniel 2,23; NLB). Bevor Daniel wieder vom König angehört wurde, hatte *Gott* ihm bereits gegeben, was er so dringend brauchte.

Gott weiß, dass auch wir ihn brauchen. Wir arbeiten, unterstützen unsere Kinder und haben viele Verpflichtungen. Und Gott versorgt uns immer wieder mit der

Weisheit und der Kraft, die wir täglich für unsere Aufgaben brauchen.

Wir lieben die Menschen, die Gott in unsere Mitte gestellt hat. Daniel hatte drei Freunde und Gott hat auch uns liebe Menschen geschenkt, die uns am Herzen liegen. Unsere Kinder, Enkel und Freunde sind uns extrem wichtig. Wir sind uns zwar nicht immer alle einig, aber wir wollen stets das Beste für unsere Freunde und Familie.

Ehrlich gesagt sind wir manchmal verärgert, wenn sie unsere Erwartungen nicht erfüllen oder ihr Potenzial nicht ausschöpfen. Wenn eines unserer Kinder etwas dazulernt, reifer wird oder neue Fähigkeiten entwickelt, sind wir jedoch sehr zufrieden.

Wir unterstützen uns gern gegenseitig. Es erfüllt uns mit Stolz, wenn wir anderen dabei helfen können, etwas zu verstehen, eine schwierige Aufgabe zu meistern, sich zu versöhnen oder sich persönlich weiterzuentwickeln.

Wir wissen, dass Gott uns verändert hat. Es gab eine Zeit in unserem Leben, da wussten wir weder wer Jesus ist noch wozu wir leben. Wir strebten nach Anerkennung oder machten einfach das, was uns Spaß macht. Wir taten alles, um uns wichtig, einflussreich und geliebt zu fühlen, und unsere Motive waren in vielerlei Hinsicht fehlgeleitet. Aber da wussten wir auch noch nicht, dass es einen Sinn in unserem Leben gibt. Immerhin stammen wir beide aus schwierigen Familienverhältnissen und hatten daher eher eine negative Lebenseinstellung. Doch seit uns der Erlöser begegnet ist, haben wir erkannt: *„Denn wir sind Gottes Schöpfung. Er hat uns in Christus Jesus neu geschaffen, damit wir zu guten Taten fähig sind, wie er es für unser Leben schon immer vorgesehen hat."* (Epheser 2,10; NLB)

Daniel flehte Gott um Erbarmen an und Gott rettete ihn und beschenkte ihn. Seinem Beispiel sollten wir folgen.

Wenn Sie nicht wissen, wie Sie im Leben vorwärtskommen sollen oder wie Sie Ihre Beziehung zu Ihrem Partner stärken können, beten Sie doch ganz einfach: „Herr, erbarme dich!" Mit diesem Gebet sind Sie ganz bestimmt nicht allein.

> *„Und als Jesus von dort weiterging, folgten ihm zwei Blinde, die schrien und sprachen: ‚Erbarme dich unser, Sohn Davids!'"* (Matthäus 9,27; ELB)

> *„Als sie zu der Menschenmenge zurückgekehrt waren, kam ein Mann zu Jesus, fiel vor ihm nieder und sagte: ‚Herr, hab Erbarmen mit meinem Sohn! Er leidet unter schweren Anfällen. Oft stürzt er dabei sogar ins Feuer oder ins Wasser.'"* (Matthäus 17,14–15; HFA).

„Dann kamen Jesus und seine Jünger nach Jericho. Als sie die Stadt wieder verlassen wollten, folgte ihnen eine große Menschenmenge. Am Weg saß ein Blinder und bettelte. Es war Bartimäus, der Sohn des Timäus. Als er hörte, dass Jesus von Nazareth vorbeikam, begann er laut zu rufen: ‚Jesus, du Sohn Davids, hab Erbarmen mit mir!' Die Leute fuhren ihn an: ‚Halt den Mund!' Aber er schrie nur noch lauter: ‚Du Sohn Davids, hab Erbarmen mit mir!'" (Markus 10,46–48; HFA).

Jesus hat auf jeden dieser Hilferufe reagiert. Er hatte Erbarmen mit den Menschen, die ihn riefen. Er wird auch Ihr Flehen hören, wenn Sie beten: „Herr, erbarme dich!"

Jesus, wir wollen darauf vertrauen, dass vor einer Hürde deine Hilfe kommt und nach Rückschlägen deine Rettung. Wir flehen dich an: „Herr, erbarme dich!" Amen.

27. Tag

Gott sorgt für uns!

Denen, die auf ihn vertrauen, gibt er, was sie brauchen,
und vergisst niemals seinen Bund mit ihnen.

Psalm 111,5 (NLB)

Ich, Pam, bete oft: „Herr, versorge uns mit deiner Liebe, deiner Weisheit und deinem Segen." Wir können Gott ruhig um alles bitten, was wir brauchen, denn seine Zusagen sind wahr.

In meinem Buch *Becoming a Brave New Woman* gehe ich darauf ein, wie Gott uns versorgt:

> Gott hat viele Namen, er ist z. B. der HERR, der sieht, (vgl. 1. Mose 22,14 (LUT): *„Und Abraham nannte die Stätte ‚Der HERR sieht'. Daher man*

noch heute sagt: Auf dem Berge, da der HERR sieht.“) Wenn Gott uns sieht, sieht er auch alle Dinge, die noch vor uns liegen und kann uns mit allem versorgen, was wir brauchen. „Seine Weisheit ist grenzenlos. Er ist das A und O, der Anfang und das Ende. Als Elohim ist er allwissend und allmächtig. Er sieht alles, von Ewigkeit zu Ewigkeit. Auch das Lateinische ‚video‘ bedeutet sehen.“[13]

Gott hat also quasi ein Video, auf dem Ihr ganzes Leben gespeichert ist. Und er ist der Regisseur in diesem Video.

In den Möglichkeiten, die Sie sich selbst für Ihr Leben einräumen, spiegelt sich wider, wie Sie Gott sehen. Wenn Sie ihn kennen, werden Sie ihm vertrauen. Und wenn Sie ihm vertrauen, werden Sie Ihren Glauben offen leben und ein wundervolles Leben haben, wie Gott es Ihnen versprochen hat.

A. W. Tozer schreibt in seinem Buch *The Knowledge of the Holy:* „Das Wertvollste, das wir haben, ist das, was wir denken, wenn wir an Gott denken.“[14] Henry Blackaby und Claude King stimmen dem zu. In ihrem Buch *Experiencing God* schreiben sie: „Ihre Lebensweise bezeugt, was Sie von Gott halten.“[15]

Ich sage manchmal: „Zeig mir deinen Gott und ich zeig dir, wie du deine Probleme lösen kannst. Ist dein Gott klein, ist dein Leben auch klein. Ist dein Gott aber groß, dann hast du großartige Möglichkeiten, dich in deinem Leben zu entfalten.“[16]

Als Paar haben wir uns immer wieder darauf verlassen, dass Gott wirklich der ist, der er behauptet zu sein. Wie gesagt, Gott hat viele Namen. Sehen wir uns mal einen näher an: der HERR, der sieht. Schon oft haben Bill und ich Gott vertraut, z. B.

- als wir mit 20 und ohne Universitätsabschluss heirateten und jeder nur einen Teilzeit-Job hatte.
- als Bill kündigte und wir nur von Pams Gehalt lebten, damit Bill die fehlenden zwei Jahre Studium in nur einem Jahr packen konnte.
- als wir ein Jahr lang kein Auto hatten, überall mit dem Fahrrad hinfuhren und Gott vertrauten, dass er uns schon noch mit einem Auto versorgen würde. (Das hat er auch getan und wir mussten dafür nur 100 Dollar bezahlen.)

- als wir umgezogen waren, um am Talbot-Seminar bzw. an der Biola-Universität Theologie zu studieren.
- als wir mit einem Jugendpastorengehalt eine Familie gründeten.
- als wir entschieden, dass Pam mit den (Vorschul-)Kindern zu Hause bleibt.
- als wir unser erstes Haus kauften.
- als wir unser Haus umbauten.
- als wir ein geringes Gehalt in Kauf nahmen, damit Bill mit 28 Jahren als hauptamtlicher Pastor anfangen konnte.
- als kurz vor unserem Umzug nach San Diego unser einziges Auto den Geist aufgab und wir nur ein paar Hundert Dollar für ein neues übrig hatten.
- als wir ein Grundstück kauften und in San Diego ein Haus bauten.

- als wir unseren Glauben offen lebten und Pam wieder zu studieren anfing.

- als wir uns selbstständig machten als Redner und Autoren geistlicher Bücher.

In jeder einzelnen Situation haben wir Gott vertraut. Das ist die Grundlage für all das, was wir heute machen. Gott hat uns nie im Stich gelassen. Wir haben jung geheiratet und haben uns immer von Gott führen lassen. Wir haben hart gearbeitet, um unser Studium abzuschließen und uns weiterzubilden. Gleichzeitig haben wir mit Jugendlichen gearbeitet und Gott hat uns wie seine Kinder behandelt. Er gab uns Essen, als unser Kühlschrank leer war. Er hat uns für nur 100 Dollar ein Auto gegeben, nachdem wir ein Jahr lang Fahrrad gefahren waren. Er hat uns mit einem Spenderkreis versorgt, der unsere Weiterbildungen mitfinanzierte, denn diese Leute waren dankbar, dass wir uns um ihre Teenager kümmerten. Er stellte uns weise Menschen zur Seite, die uns dazu brachten, die Sache mit dem Hauskauf zu überdenken, und treue Freunde, die uns beim Hausbau halfen, als Bill Hauptpastor wurde.

Gott hat uns in allen kleinen und großen Dingen geholfen und ist jeden einzelnen Schritt auf unserem Weg mit uns gegangen. Und ja, wir haben hart gearbeitet.

Und immer, wenn es besonders schwer wurde, hat er uns versorgt. Er hat die Umstände geändert oder die Herzen unserer Mitmenschen angerührt, die für uns beteten. Wir haben viele Wunder erlebt. Dasselbe wird er auch für Sie tun. Unter einer Bedingung – Sie müssen aufrecht gehen.

> *„Denn Gott, der Herr, ist unsere Sonne, er beschützt uns wie ein Schild. Gnade schenkt der Herr, und er lässt uns zu Ehren kommen. Denen, die aufrichtig ihren Weg gehen, enthält er nichts Gutes vor.“* (Psalm 84,12; NGÜ)

Aufrecht gehen bedeutet, dass Sie untadelig, aufrichtig und ehrlich handeln. Pams Mutter pflegte zu sagen: „Lebe so, dass du aufrecht gehen kannst.“ Entscheiden Sie sich heute, so zu leben, dass Sie stolz auf sich sein können.

Herr, hilf uns aufrichtig zu sein, damit wir aufrecht gehen können. Unser Leben soll dich und deinen Segen widerspiegeln. Amen.

28. Tag

Gott hält sein Versprechen!

Bleib ruhig, hab keine Angst.

JESAJA 7,4 (GNB)

Wir sind sehr froh, dass Gott seine Versprechen hält, auch wenn wir daran zweifeln. Wir glauben daran, dass Gott uns liebt und uns die Treue hält, dass er gut und gerecht ist und dass er sich niemals ändern wird. Trotzdem murren wir, widersetzen uns seinem Willen oder benehmen uns unmöglich.

Manchmal sind wir so stur wie König Ahas im 7. Kapitel des Jesaja-Buches. Er war der König von Juda und es herrschte Krieg. Zwei Könige im Norden hatten sich verbündet und wollten König Ahas stürzen. Der Schrecken saß tief, denn *„[d]er König zitterte und mit ihm* *das ganze Volk, wie Bäume, die vom Sturm geschüttelt werden.*" (Jesaja 7,2; GNB)

Aber Gott hatte alles unter Kontrolle. Er sandte den Propheten Jesaja zu König Ahas und ließ ihn mit den Worten trösten: *„Bleib ruhig, hab keine Angst. Werde nicht weich vor dem Zorn Rezins und Pekachs; sie sind nur qualmende Brennholzstummel.*" (Jesaja 7,4; GNB)

Gott hat König Ahas versprochen, ihn zu beschützen, zu leiten und für ihn zu sorgen, auch wenn seine Feinde erbittert gegen ihn in den Kampf ziehen. Sie schmiedeten zwar böse Pläne gegen den König und wollten sein Land erobern (vgl. Jesaja 7,5–6), aber der Prophet Jesaja erinnerte ihn daran, dass Gott ihn in all den Gefahren nicht aus den Augen lassen würde.

„Aber der Herr, der mächtige Gott, sagt:
Das wird ihnen nicht gelingen! [...]
Vertraut auf den Herrn!
Wenn ihr nicht bei ihm bleibt,
dann bleibt ihr überhaupt nicht!"
(Jesaja 7,7+9; GNB)

Gott wollte König Ahas beweisen, dass er ihn beschützen würde, und ließ ihm sagen: *„Fordere doch als Bestätigung ein Zeichen vom Herrn, deinem Gott, ganz gleich, ob aus der Totenwelt oder aus dem Himmel!*" (Jesaja 7,11;

GNB). Normalerweise ist es keine so gute Idee, Gott um ein Zeichen zu bitten, denn er lässt sich von uns nicht manipulieren. In diesem Falle schlug Gott es aber seinem Kind selbst vor und erwartete seinen Gehorsam. Und wie hat König Ahas darauf reagiert? *„Ahas antwortete: ‚Ich verlange kein Zeichen, ich will den Herrn nicht auf die Probe stellen'.*" (Jesaja 7,12; GNB)

Da muss Gott doch mit den Augen gerollt haben. Es ist nicht gut, Gott zu unterstellen, er würde seine Versprechen nicht einhalten. Deshalb belehrte Jesaja den König mit den Worten: *„Es reicht euch wohl nicht, dass ihr den Menschen zur Last werdet! Müsst ihr auch noch die Geduld meines Gottes auf die Probe stellen? Jetzt gibt euch der Herr von sich aus ein Zeichen: Eine Jungfrau wird schwanger werden und einen Sohn bekommen. Immanuel wird sie ihn nennen.*" (Jesaja 7,13–14; GNB)

Natürlich ist Gott von Ahas enttäuscht. Will sich dieser in seiner Macht begrenzte Mensch wirklich alleine durchschlagen, ohne die Hilfe des allmächtigen Gottes, der grenzenlose Möglichkeiten hat? Trotzdem gibt Gott daraufhin eines seiner wichtigsten Versprechen überhaupt: Er schickt uns den Retter und daran ist kein Zweifel, denn er wird von einer Jungfrau geboren.

So ist Gott. Wenn er uns etwas verspricht, dann tut er das, weil er so ist, wie er ist und nicht weil wir so sind, wie wir sind.

Jeder Christ weiß, wann er zweifelte und Gott ihm trotzdem die Treue hielt. Wir haben auch gezweifelt und möchten nun ein paar Erlebnisse mit Ihnen teilen bzw. sie Ihnen „beichten“:

Als Gott uns deutlich machte, dass wir ein Studium aufnehmen sollen, war ich, Pam, erst mal eine Zögerliese. Ich wollte kein Masterstudium machen, sondern lieber gleich durchstarten, ein Haus kaufen und ein Baby bekommen. Und ich wollte ganz bestimmt nicht nach Los Angeles ziehen und dort büffeln.

Ach, und habe ich schon erwähnt, dass wir so vernünftig waren, erst mal kein Auto zu kaufen, sondern auf unsere Fahrräder umzusteigen, damit wir das Geld für den Umzug übrig hatten? Wir wollten warten, bis Gott uns ein Auto gibt, aber mal ehrlich: Dafür hatten wir gerade mal 100 Dollar. Ich war die Königin des Abschlussballs und jetzt sollte ich mit dem Fahrrad zur Arbeit fahren?

Doch obwohl ich mich so unmöglich benommen hatte, fand ich mit der Zeit Gefallen am Radfahren, denn ich konnte die frische Luft genießen, beten und Gott loben.

Ich war bockig wie ein Kleinkind, als wir nach Los Angeles zogen, um an der Biola-Universität bzw. Bill am Talbot-Seminar zu studieren. Trotzdem haben wir dort zahlreiche wertvolle Erfahrungen für unsere Ehe gesammelt. Unsere engsten Freunde haben wir dort an der Fakultät kennengelernt.

Bills Haltung war auch nicht nur positiv, als Gott ihm sagte, er solle seinen schönen Schreibtischjob aufgeben und draußen in den Erdölfeldern schuften und frieren, um sich das Vollzeitstudium zu finanzieren. Diese Arbeit war zwar gut bezahlt, aber Bill musste sich ganz schön umstellen.

Um in dieser schweren Zeit durchzuhalten, mussten wir uns bewusst dafür entscheiden, Gott für alles zu danken, denn er versorgt uns. Wir mussten darauf vertrauen, dass er das große Ganze in unserem Leben sieht. Wir hatten uns hohe Ziele gesteckt und würden nichts geschenkt bekommen. Gott hat uns auf alles, was noch kommen würde, vorbereitet und dafür gesorgt, dass sich unser Charakter festigt. So hat er für uns vorgesorgt und nur so konnten wir später einmal in Führungspositionen treten.

Gott hält seine Versprechen, weil es seinem Charakter entspricht – nicht weil wir verdienen, was er uns gibt. Gott hat Geduld und erfüllt all seine Zusagen. Er überschüttet uns mit seinem Segen.

Wenn Ihnen klar wird, dass Sie Ihre Lebenseinstellung ändern wollen, dann denken Sie daran: Gott hält Ihnen die Treue!

Jesus, danke, dass du trotz unserer Fehler treu deinen Willen tust. Bitte mach uns heute deine Zusagen für unser Leben neu bewusst. Amen.

29. Tag

Bewahrung erleben

Er hat mich vor dem sicheren Tod bewahrt,
nun darf ich weiterleben und sehe das Licht.

Hiob 33,28 (HFA)

Wir flogen von Asien nach Amerika, und unser Flug wurde umgeleitet. Eigentlich wären wir am frühen Nachmittag wieder zu Hause in Kalifornien angekommen und hätten mit unserem jüngsten Sohn, der damals in der 12. Klasse war, etwas Zeit verbringen können. Am nächsten Tag wollten wir dann nach Chicago fahren.

Stattdessen wurden wir jetzt mit dem Flugzeug nach Chicago umgeleitet. Als wir in Singapur eincheckt hatten, war es 27 °C warm gewesen, und bei unserer Ankunft in Chicago tobte ein heftiger Schneesturm. Wir nahmen den nächsten Flug nach San Diego. Zuhause schliefen wir erst mal ein paar Stunden, frühstückten mit unserem Sohn, packten neue Sachen ein und Bill fuhr noch zu einem wichtigen Termin. Dann machten wir uns wieder auf die Reise und waren knapp 20 Stunden später wieder in Chicago.

Der Schneesturm wütete immer noch. Um Mitternacht bekamen wir unseren Mietwagen und hatten dann noch zwei Stunden Fahrt nach South Bend in Indiana vor uns. Leider lag im Auto weder ein Eiskratzer noch ein Handfeger, also stiefelte ich zurück zur Autovermietung, um welche zu holen.

Zurück im Auto, wurden im Radio alle Straßen aufgezählt, die gesperrt waren. Tatsächlich war nur noch unsere Fernstraße befahrbar, fragte sich nur, wie lange noch.

Um 07:00 Uhr morgens hatten wir ein Radio-Interview geplant und schon eine Stunde später sollten wir in einem Fernsehstudio sein. Also trieb uns unser Pflichtbewusstsein bzw. unser Jetlag an, schließlich wollten wir schön im warmen Hotelbett schlummern. Wir fuhren also weiter die Schnellstraße entlang, wenn auch im Schneckentempo.

Bei Gary in Indiana passierte schließlich etwas Schreckliches. Ein Auto geriet ins Schleudern, verlor die Kontrolle und raste in einen Sattelschlepper. Wir kamen gleichzeitig mit Polizei und Krankenwagen am Unfallort an. Natürlich wollten wir helfen, aber die Polizisten wiesen uns an, im Auto sitzen zu bleiben. Also beteten wir für alle Beteiligten. So vergingen zwei Stunden, aber das war nebensächlich, schließlich kämpften gerade einige Menschen ums Überleben. Plötzlich beschlich mich die seltsame Ahnung, dass wir das hätten sein können, die jetzt auf der Krankenliege versorgt werden, wenn ich nicht noch Eiskratzer und Handfeger besorgt hätte. Umso intensiver beteten wir jetzt um Gottes Beistand für die vielen Helfer, die Leben retten wollten.

Als schließlich die Entwarnung gegeben wurde, bewegten wir uns Zentimeter für Zentimeter auf der glatten, vereisten, schneeverwehten Straße. Irgendwann mussten wir zur Toilette, also hielten wir an einer zugeschneiten LKW-Raststätte. Nach der Pause wollten wir uns wieder auf den Weg machen, aber leider hatte uns eine Schneewehe erwischt. Das passierte noch anderen Fahrern. Gegenseitig halfen wir uns dabei, die Autos wieder auf die Straße zu bekommen. Als das geschafft war, war es schon 4:30 Uhr und den größten Teil der Strecke hatten wir noch vor uns.

Nach dieser nächtlichen Autofahrt, die auch anders hätte ausgehen können, ordneten wir unsere Prioritäten im Leben neu. Wir wussten nicht, ob wir noch rechtzeitig in South Bend ankommen würden und ob noch genügend Zeit wäre, um zu schlafen, zu duschen und zu den beiden Interviews zu fahren. Zwar wollten wir unser Wort gegenüber dem Radio und dem Fernsehen halten, aber viel wichtiger war es, dass wir beide sicher ankommen würden.

Denken Sie mal darüber nach. Sie haben einen Partner oder Sie lesen dieses Buch, weil sie bald heiraten wollen. Viele Menschen haben niemanden, den sie lieben und der sie auch liebt. Freuen Sie sich heute einfach darüber, dass Ihr Partner da ist – und dass er sein Leben mit Ihnen verbringen möchte.

HERR, lass uns jeden Tag dankbar aus deiner guten Hand nehmen. Amen.

30. Tag

Gottes Liebe hört niemals auf!

Sagt den Gerechten, dass es ihnen gut gehen wird; denn sie werden die Frucht ihrer Taten genießen.

Jesaja 3,10 (SLT)

Wir waren als Referenten zu einer Vortragsreihe in Neuengland eingeladen. Es regnete unaufhörlich das ganze Wochenende lang. Durch die Regenmassen waren wir bei unserer Ankunft innerhalb von kürzester Zeit völlig durchnässt und aus Straßen wurden Flüsse. Man konnte nur noch in Regenkleidung und mit stabilen Regenschirmen raus gehen.

Wir mussten Freitagnacht im strömenden Regen mehrere Kartons aus dem Auto in das Konferenzgebäude schleppen. Da es wie aus Kannen goss, flitzten wir so schnell es ging zwischen Auto und Haus hin und her.

Der Konferenzveranstalter änderte aber keineswegs die Tagesordnung. Schon bevor wir losgefahren waren, rief er uns an und meinte: „Vom Wetter lassen wir uns hier nicht beeindrucken. Wir öffnen morgen eher und lassen die Leute schon mal herein, aber der Zeitplan bleibt, wie er ist."

Das war doch mal eine klare Ansage. Die Leute kamen auch. Sie hatten besonders viele Fragen mitgebracht. Jede freie Minute verbrachten wir mit Konferenzteilnehmern. Wir beantworteten ihre Fragen und gaben Ihnen Beziehungstipps und Buchempfehlungen. Es war eine sehr gesegnete Zeit; wir waren alle sehr offen miteinander und tauschten uns über unser Leben aus.

Das hat uns daran erinnert, dass es in einer Beziehung auch manchmal stürmt. Die Herausforderungen in unserem Leben hören eigentlich nie auf. Ich persönlich glaube aber fest daran, dass Gottes Liebe zu uns auch niemals aufhört. Unaufhörlich lässt Gott seinen Segen in unser Leben strömen und er korrigiert uns, wenn wir vom Weg abkommen.

Immer wenn die Israeliten den Kurs änderten, weil sie dachten, sie würden es auch ohne Gott schaffen, musste er sie zurechtweisen:

„Denn siehe, der Herrscher, der Herr der Heerscharen, nimmt von Jerusalem und Juda Stab und Stütze weg, jede Stütze an Brot und jede Stütze an Wasser, den Helden und den Kriegsmann, den Richter und den Propheten, den Wahrsager und den Ältesten [...]. Ihre Bosheit steht ihnen im Gesicht geschrieben." (Jesaja 3,1-2+9; SLT, HFA (9))

Gott möchte nicht, dass wir auf uns allein gestellt sind. Seine Mittel stehen uns zur Verfügung. Wir sollen uns nicht mit unserer kleinen, menschlichen, begrenzten Perspektive begnügen, sondern die Weisheit des allwissenden Gottes, unseres Vaters, in Anspruch nehmen. Gleichzeitig will er uns mit seiner Liebe beschenken, jeden Tag neu. *„Sagt den Gerechten, dass es ihnen gut gehen wird; denn sie werden die Frucht ihrer Taten genießen"* (Jesaja 3,10). Er segnet die Menschen, die seine Liebe annehmen, und hilft ihnen, ihre gottgegebenen Träume zu verwirklichen.

Das sind doch gute Nachrichten, auch wenn wir uns all den Herausforderungen des Lebens stellen und unaufhörlich Verantwortung übernehmen müssen. Jeden Tag treffen wir Entscheidungen, die uns moralisch fordern und auch im Nachhinein beeinflussen. Aber wenn wir ernsthaft eine schlechte Entscheidung in Betracht ziehen, zeigt Gott uns, dass wir dadurch schnell eine falsche Richtung einschlagen würden. Und er ist treu und belohnt uns mit seiner Liebe, wenn wir nach Wegen suchen, um uns gegenseitig zu unterstützen und unsere Beziehung zu pflegen. Wie gesagt, wir stehen unaufhörlich vor Herausforderungen, aber Gottes Liebe zu uns hört auch niemals auf.

Wenn Sie das nächste Mal darüber nachdenken, wie unaufhörlich Gottes Liebe ist, dann lesen Sie doch mal Psalm 136. Da kommt der Vers *„Seine Liebe hört niemals auf"* 26 Mal vor. (nach der Guten Nachricht Bibel; bekannt ist auch Luthers Formulierung: *„denn seine Güte währet ewiglich"*.)

Denken Sie heute mal darüber nach, wie Gott ist. Versuchen Sie, unaufhörlich zu lieben, unaufhörlich seinem Wort zu folgen und vertrauen Sie darauf, dass er Sie unaufhörlich segnen wird. Denn seine Liebe hört niemals auf!

HERR, wir wollen uns auf dich verlassen und so handeln, dass du uns nicht zurechtweisen musst. Bitte lass uns jeden Tag neu deine unaufhörliche Liebe spüren. Amen.

31. Tag

Mit Gebet die Beziehung stärken

Lasst euch durch nichts vom Gebet abbringen,
und vergesst dabei nicht, Gott zu danken.

KOLOSSER 4,2 (HFA)

Wir sind oft auf Reisen und haben viel Kontakt mit anderen Menschen. Wenn nach Feierabend jemand an unsere Hotelzimmertür klopft, sehen wir vor dem Öffnen gern durch das Guckloch in der Tür.

Das Gebet ist auch wie ein Guckloch zum Herzen unseres Partners, denn wenn wir mit unserem Partner beten, erfahren wir, was ihm im Leben gerade wichtig ist. Natürlich machen wir uns beim aufrichtigen Beten verwundbar. Es ist eine Herzenssache und eine wunderbare Möglichkeit für Sie als Paar, aneinander Anteil zu nehmen, während Sie beide Ihr Herz vor Gott ausschütten.

Wenn Sie das Verhalten Ihres Partners nicht verstehen oder sich fragen, warum er sich gerade so und nicht anders verhält, dann beten Sie doch miteinander. Bringen Sie Gott all Ihre Sorgen und kommen Sie sich so auch als Paar näher. Im Gebet lernen Sie, sich besser zu verstehen und dadurch werden Sie insgesamt auch viel vertrauter miteinander. Diese Vertrautheit dient Ihnen als Schutz, wenn Sie sich offen und vertrauensvoll aus der Seele sprechen. Das stärkt außerdem auch Ihre körperliche Beziehung zueinander, weil Sie sich gegenseitig vertrauen und gelernt haben, sich voreinander zu entblößen.

Ihre Vertrautheit zueinander wächst, wenn Sie gemeinsam in der Bibel lesen. Sie ist ein Liebesbrief, den Gott an Sie beide geschrieben hat. Wenn Sie wissen, dass Ihr Partner Gottes Willen in der Bibel erforscht und versucht, danach zu leben, werden Sie ihm auch besser vertrauen können. Wenn Sie beide Gottes gute Ordnung einhalten wollen, werden Sie auch entspannter miteinander leben können. Gott liebt Sie beide und wenn Ihr Partner nach Gottes Willen fragt, wird der Herr ihm zeigen, wie er Ihnen immer wieder die Liebe schenken kann, die Sie verdienen. Dann hören auch Streitereien auf, Ihre Kommunikation wird wohlwollend und damit legen Sie den Grundstein für eine bessere Vertrautheit in Ihrer Ehe.

In der Bibel zu lesen, ist nicht nur ratsam für Ihren Partner, sondern auch für Sie selbst. Je mehr Sie in der Bibel lesen und beten, umso mehr hören Sie auf Gott und können dadurch auch Ihren Partner besser lieben. So wird Ihr Partner dankbar Liebe von Ihnen empfangen, die von Gott kommt.

Ihre Vertrautheit zueinander wächst, wenn Sie beide den Heiligen Geist in Ihrem Herzen haben. Wenn wir eine Beziehung zu Jesus Christus haben, dann wohnt der Heilige Geist in uns und gibt uns die übernatürliche Kraft der Liebe. Dann wird es leichter, unseren Partner zu lieben, weil wir nicht aus unserer eigenen Kraft heraus, sondern mit der Kraft Gottes lieben. Der Heilige Geist wohnt in jedem Menschen, der Jesus sein Leben übergeben hat. Wenn Sie den Heiligen Geist haben, kann er Sie zu einem liebevollen Menschen machen, denn er weiß, wie Ihr Partner gestrickt ist und wie man ihm am besten in Liebe begegnen kann. Sie werden vielleicht überrascht sein, wie konkret die Weisungen des Heiligen Geistes manchmal sein können. Er wird sich Ihnen gegenüber so klar ausdrücken, dass Sie sich nur noch dafür oder dagegen entscheiden müssen. In unserer Ehe spricht der Heilige Geist zum Beispiel so:

„Pam, das, was du eben zu Bill gesagt hast, war nicht nett. Er ist ein guter Ehemann und verdient eine freundliche Antwort auf seine Frage."

„Bill, fahr jetzt nach Hause. Pam braucht dich dringend. Nein, du erledigst jetzt nicht nur noch diese eine Aufgabe. Fahr jetzt zu ihr."

Durch das Bibellesen und Beten entwickeln Sie die Fähigkeit, auf das Flüstern des Heiligen Geistes zu hören. Dadurch werden Sie zu einem besseren Menschen und liebevolleren Partner. Wenn Sie auf den Geist Gottes hören, werden Sie als Paar auch vertrauter miteinander.

HERR, wir wollen uns die Zeit nehmen, um gemeinsam in der Bibel zu lesen, zu beten und auf den Heiligen Geist zu hören. Lass uns deine Stimme lauter hören als jede andere. Amen.

32. Tag

Gemeinsam stark sein

Du nun, mein Kind, sei stark in der Gnade, die in Christus Jesus ist.

2. TIMOTHEUS 2,1 (ELB)

Unser Sohn Zach trainiert eine Football-Mannschaft an einer Universität. Er bietet Kraft- und Ausdauertraining an. Der Bibelvers auf der Verlobungskarte von Zach und Caleigh sollte ihr gemeinsames Ziel für die Ehe formulieren: *Stärke*. Damit haben sie uns sehr beeindruckt, denn wir wollen doch alle stark sein, sei es emotional, körperlich, geistig oder geistlich. Und jeder wünscht sich starke Beziehungen. Das möchte Gott auch für uns. In Psalm 27,14 (HFA) kommt das klar zum Ausdruck. Da heißt es: „Vertraue auf den Herrn! Sei stark und mutig, vertraue auf den Herrn!"

Wie können wir also mit Gottes Hilfe stark sein?

- Gehorchen Sie Gott und leben Sie nach seinem Wort: *„Sei stark und mutig. Gehorche gewissenhaft den Gesetzen, die dir mein Diener Mose gab. Weiche nicht von ihnen ab, damit du Erfolg hast, wohin du auch gehst."* Josua 1,7 (NLB)

- Ermutigen Sie sich gegenseitig mit Ihren Gaben: *„Denn ich sehne mich danach, euch zu besuchen und den Segen des Heiligen Geistes mit euch zu teilen, um euch in eurem Glauben zu stärken. Ich möchte euch ermutigen, aber auch selbst durch euren Glauben ermutigt werden. Auf diese Weise werden wir uns gegenseitig im Glauben stärken." Römer 1,11-12* (NLB)

- Halten Sie an Ihrem Glauben an Jesus Christus fest und geben Sie seine Liebe weiter: *„Seid wachsam. Haltet treu an dem fest, was ihr glaubt. Seid mutig und stark. Alles, was ihr tut, soll in Liebe geschehen."* 1. Korinther 16,13-14 (NLB)

- Tragen Sie die Waffenrüstung Gottes, d. h., werden Sie stark, indem Sie sein Wort lesen: *„Noch ein Wort zum Schluss: Werdet stark durch den*

Herrn und durch die mächtige Kraft seiner Stärke! Legt die komplette Waffenrüstung Gottes an, damit ihr allen hinterhältigen Angriffen des Teufels widerstehen könnt." Epheser 6,10-11 (NLB)

- Leben Sie nach dem Wort Gottes, das Sie gehört haben, und geben Sie es weiter: *„Du nun, mein Kind, sei stark in der Gnade, die in Christus Jesus ist; und was du von mir in Gegenwart vieler Zeugen gehört hast, das vertraue treuen Menschen an, die tüchtig sein werden, auch andere zu lehren."* 2. Timotheus 2,1-2 (ELB)

- Nehmen Sie Gottes Wort ernst: *„Ich habe euch jungen Männern geschrieben, weil ihr stark seid und Gottes Wort im Herzen tragt."* 1. Johannes 2,14 (NLB)

Unser Sohn Zach wurde im Gewichtheben ausgezeichnet. Er gilt jetzt als „der stärkste Mann Ohios". Das Thema Gewichtheben können wir auch auf unser geistliches Leben übertragen. Die Welt braucht mehr Paare, die nicht nur ihre eigenen Lasten, sondern auch die ihrer Mitmenschen tragen.

In meinem Buch *Becoming a Woman of Influence* formuliere ich ein Gebet, das ich selbst oft für meine Ehe und meine Familie bete: „HERR, lass uns so sein wie ein Flugzeugträger. Mach uns so stark, dass andere bei uns eine gute Anlaufstelle finden, einfach auftanken und dann gestärkt wieder abheben können. Gib ihnen dann die Starterlaubnis, um deine Mission zu erfüllen."

Nehmen Sie sich vor, jeden Tag ein bisschen geistliches Krafttraining zu machen. Das können Sie, indem Sie beten, in der Bibel lesen, einzelne Bibelstellen auswendig lernen, Gott für seine Güte loben und anderen die Gute Nachricht von Jesus Christus weitergeben.

Wenn Sie das tun, werden Ihre Ehe und Ihre Beziehung zu Ihren Kindern, aber auch zu Ihren Kollegen, Gemeindemitgliedern und Ihrer gesamten Umgebung gestärkt. Sie können also ein paar Gewichte heben – für Jesus!

HERR, mach uns stark, wenn wir täglich in der Bibel lesen und dein Wort ernst nehmen. Amen.

33. Tag

Hilfe holen ist keine Schande

Ihr habt mich in der Not angerufen, und ich habe euch gerettet.

Psalm 81,8 (NLB)

Schon oft haben Freunde uns gebeichtet, dass ihre Ehe gescheitert ist. Ich bin dann immer sehr traurig, aber auch verwundert und frage: „Warum hast du uns denn nicht angerufen und um Hilfe gebeten?"

Auf diese Frage bekamen wir in den letzten Jahren Antworten wie:

- „Wir wollten unsere Probleme alleine lösen." – Aber ihr müsst doch gemerkt haben, dass ihr das nicht alleine könnt.

- „Niemand sollte von unseren Schwierigkeiten erfahren." – Aber jetzt wissen doch alle von eurer Scheidung, das ist doch viel schlimmer.

- „Nur einer von uns wollte sich helfen lassen." – Auch wenn es nur einer von beiden versucht, kann das einen Unterschied machen und die Beziehung positiv verändern.

- „Ihr seid unsere Freunde. Wir wollten euch doch nicht mit unseren Problemen belasten." – Man hilft sich in schweren Zeiten. Dazu sind Freunde doch da.

- „Wir wollten unser Geld lieber sparen." – Kostet die Scheidung etwa kein Geld? Die Eheberatung ist eine gute Investition und außerdem kann man sich auch bei Freunden einen kostenlosen Rat holen.

Wenn Sie eine schwere Zeit durchmachen, dann rufen Sie jemanden an und holen Sie sich Hilfe. Das ist keine Schande. Wahrscheinlich kennen Sie mindestens einen Menschen, der glücklich verheiratet ist und Ihnen gern helfen würde. Das könnte ein Pastor, ein Therapeut oder vielleicht sogar ein Familienmitglied sein.

Viele Paare schämen sich und kehren lieber alles unter den Teppich. Aber wer sich schämt, isoliert sich von seinen Mitmenschen und kann somit auch nicht ihre Hilfe annehmen. Und wer sich schämt, findet Ausreden. Wenn man verzweifelt ist und sich schämt, sollte man sich nicht verstecken, sondern lieber reagieren.

Wenn Sie verzweifelt sind, dann suchen Sie sich die beste Hilfe, die Sie finden können. Machen Sie es wie die Frau, die zu Jesus kam, obwohl sie sich schämte:

> *„Inmitten der dicht gedrängten Menge befand sich auch eine Frau, die seit zwölf Jahren an Blutungen litt. Sie hatte ihr ganzes Vermögen für Ärzte ausgegeben und war dennoch nicht geheilt worden. Nun näherte sie sich Jesus von hinten und berührte den Saum seines Gewandes. Augenblicklich hörte die Blutung auf.*" Lukas 8,43–44 (NLB)

Wie hat Jesus reagiert, als die Frau sich an ihn wandte? Hat er sie verurteilt? War er wütend oder verärgert? Nicht im Geringsten. Er hat sie einfach angesehen und gesagt: „Tochter, dein Glaube hat dich gesund gemacht. Geh in Frieden" (Lukas 8,48; NLB).

Vertrauen Sie Gott, so wie diese Frau Jesus vertraute. Wenn Ihre Ehe zu scheitern droht, dann rufen Sie jemanden an. Wenn Ihnen niemand helfen möchte, dann rufen Sie *uns* an. Wir werden ein Gemeindemitglied oder einen Eheberater in Ihrer Nähe finden und Sie bekommen Hilfe.

HERR, gib uns den Mut und die Kraft, für unsere Ehe zu kämpfen. Lass uns unseren Stolz herunterschlucken und jemanden anrufen. Wir wollen dir vertrauen, dass du dann jemanden für uns hast, der uns hilft. Amen.

34. Tag

Im Garten Eden

Und Gott sprach: Lasset uns Menschen machen, ein Bild, das uns gleich sei [...]. Und Gott schuf den Menschen zu seinem Bilde, zum Bilde Gottes schuf er ihn; und schuf sie als Mann und Frau.

1. Mose 1,26-27 (LUT)

Als Gott die Menschen schuf, gehörte es von Anfang an zu seinem Plan, sie unterschiedlich zu machen. Natürlich wusste Gott, wie sich Östrogen und Testosteron aufeinander auswirken. Aber er hat uns bewusst so geschaffen und sich etwas dabei gedacht: Wir sollen einander ergänzen. Manchmal können uns diese Unterschiede ganz schön herausfordern.

Als wir nach San Diego zogen, wollten wir ein Licht der Liebe in unserer Umgebung sein. Da wir beide sehr sportlich sind, gaben wir Sportkurse für Jugendliche. Bill leitete acht Jahre lang eine Basketballmannschaft. Eines Tages kam ein Vater in der Turnhalle auf Bill zu und sagte: „Ich glaube, mit meiner Frau stimmt was nicht. Vielleicht bedrückt sie irgendetwas. Könnten wir mal bei Ihnen vorbeischauen?"

Als das Paar dann bei Bill im Büro war, sah der Mann seine Frau an und sagte: „Leg los, Schatz." Das schien das Startsignal zu sein, auf das sie gewartet hatte. Also redete und redete sie und wechselte dabei mehrmals das Thema. Irgendwann geriet der Mann in Panik und sagte mit einem Augenrollen zu Bill: „Das macht sie ständig."

Bill war bekannt, dass man das Phänomen der weiblichen Kommunikation in der Soziologie mit dem Begriff „Integration" zusammenfasst, d. h., dass Frauen jede Information mit einer anderen Information verbinden können.

Also erwiderte Bill: „Stellen Sie sich mal vor, dass die Gedanken Ihrer Frau wie eine Portion Spaghetti sind. Wenn Sie jetzt mal den Verlauf einer Nudel auf dem Teller betrachten, sehen Sie, dass sie jede andere Nudel auf dem Teller auch berührt. Wenn Ihre Frau Ihnen etwas erzählt, sagt Sie Ihnen alles, was damit irgendetwas zu tun hat. Deswegen sind Frauen ja auch von Natur aus multitaskingfähig."

Bill gab dem Mann daraufhin ein paar Tipps zum Zuhören und anschließend redete die Frau 55 Minuten am Stück. Dann lehnte sie sich zurück und seufzte. Mit einem Lächeln auf den Lippen sagte sie: „Das hat gutgetan“, und fragte: „Wenn ich wie Spaghetti bin, wie ist dann mein Mann?“

Bill entgegnete: „Ach, das besprechen wir lieber nächste Woche“, denn er wusste noch nicht, wie er ihnen das Prinzip der so genannten „Kompartimentalisierung“ bei Männern verständlich machen sollte. Dann betete er, dass Gott ihm ein Bild für ein Nahrungsmittel schenkt, mit dem man dieses Prinzip verdeutlichen kann. Noch am selben Tag machten sich unsere Söhne ein paar Waffeln. Bill sah eine Waffel und dachte: „Natürlich, Kästchen!“

Eine Woche später erklärte Bill dem Paar, dass Männer wie Waffeln sind, weil sie sich gern auf eine bestimmte Sache konzentrieren. Für jedes Thema gibt es ein Kästchen. Daher sind Männer auch so gut im Problemlösen. Sie bewegen sich in einem bestimmten Kästchen, analysieren das Problem, arbeiten an einer Lösung und weiter geht's zum nächsten Kästchen.

Der Mann hatte seit Jahren ein Kommunikationsproblem mit seiner Frau und Bill konnte den beiden an diesem Abend mit seiner Kästchentheorie sehr weiterhelfen. Immer, wenn seine Frau gedanklich in ein anderes Kästchen hüpfen wollte, erinnerte er sie an das ursprüngliche Gesprächsthema. Das war die Lösung.

Als Bill dann nach Hause kam, rief er begeistert: „Pam, ich habe heute in der Beratung ein Bild gebraucht, das wirklich zu helfen scheint.“ Dann erklärte Bill mir, dass Männer wie Waffeln und Frauen wie Spaghetti sind. Ich meinte daraufhin: „Das klingt zwar etwas gewöhnungsbedürftig, aber es scheint ja ganz hilfreich zu sein. Ich vertraue dir und ich vertraue Gott. Lass uns das doch bei unserer nächsten Vortragsreihe vertiefen.“

Bei der nächsten Konferenz lernten wir ein frisch getrautes Paar kennen. Der Mann kam nach unserem Vortrag auf uns zu und stellte sich uns als Programmdirektor (im Bereich Wochenende) des größten Radiosenders in San Diego vor. Der junge Mann fragte uns: „Wie wär's, wenn Sie ins Radio kämen?“ Wir bekamen schließlich eine eigene Radiosendung, in der wir mehrere Jahre lang Hörer beraten konnten, und schließlich ist sogar unser Buch *Männer sind wie Waffeln – Frauen sind wie Spaghetti* entstanden. Es wurde in viele Sprachen übersetzt und ist im englischsprachigen Raum bis heute ein Bestseller.

Diese beiden sprachlichen Bilder sind sicherlich deshalb so erfolgreich, weil es die Menschen zurück zum Garten Eden führt. Wenn wir uns vor Augen halten, wie unterschiedlich Gott uns als Mann und Frau geschaffen hat, und wenn wir uns mit unseren Unterschieden gegenseitig annehmen, können wir das Gelernte auch auf alle anderen Beziehungen übertragen.

Gehen Sie heute mal gedanklich zurück in den Garten Eden, dorthin, wo Gott Sie beide geschaffen hat. Danken Sie Ihrem Partner und drücken Sie ihm ihre Wertschätzung aus. Zeigen Sie ihm, dass sie ihn so annehmen, wie Gott ihn geschaffen hat.

HERR, zeig uns, wie wir mit Worten und Taten unsere Wertschätzung füreinander ausdrücken können. Amen.

35. Tag

Werte weitergeben

Herr, von deiner Gnade will ich singen ohne Ende;
allen kommenden Generationen will ich erzählen, wie treu du bist.

Psalm 89,2 (HFA)

Wir hatten Feierabend. Im Fernsehen lief eine Sendung mit Anderson Cooper. Es ging um Sex vor der Ehe und die Rolle des Vaters im Leben eines Teenagers. Die Menschen in der Sendung schienen geteilter Meinung zu sein, besonders bei der Frage, wie gezielt die Eltern ihren Kindern moralische Werte ans Herz legen sollten und wie sehr sie ihre Kinder beeinflussen dürfen.

Unserer Meinung nach ist die Ehe der beste Ort, um seine Weltanschauung, Glaubensgrundsätze und moralischen Werte weiterzugeben. Eltern, die sich dafür Zeit nehmen, können weise, anständige und emotional gefestigte Menschen aus ihren Kindern machen. Wer will das nicht für seine Kinder?

Wir haben die Kindererziehung sehr ernst genommen. In unserem Buch *Die 10 besten Entscheidungen, die Eltern treffen können*[17] geben wir viele Beispiele dafür. Das Wichtigste ist, sich einen Plan zu machen und für die einzelnen Anliegen zu beten. Dafür haben wir den „Plan für Lernende und Leiter" erstellt. Er enthält u. a. einen „Farrel-Family-Fun-Day", also einen Tag im Jahr, an dem wir zusammen als Familie unsere Rechte und Pflichten diskutieren.

An diesem Tag haben wir immer unsere Söhne beschenkt und sie zu guten Entscheidungen in ihrem Leben ermutigt. Wir haben mit ihnen in Sachen Beziehungen, Bildung, Autofahren und dem Umgang mit Medien Verträge geschlossen. Jeder Vertrag enthielt auch Vorschläge, wie unsere Söhne gelegentlich etwas Lustiges mit ihrem Vater unternehmen oder etwas Zeit mit ihrer Mutter verbringen können. So hatten unsere Kinder Zeit und Raum für ihre Lieblingsbeschäftigungen und für tiefgründige Gespräche mit uns.

Jeder unserer Söhne bekam zu seinem 16. Geburtstag von uns einen Autoschlüssel mit dem Vers: „*Gott will, dass ihr heilig lebt, dass ihr ihm ganz gehört. Das bedeutet, dass ihr euch von allen sexuellen Sünden fernhaltet.*

Jeder von euch soll seinen eigenen Körper so unter Kontrolle haben, dass es Gott und den Menschen gefällt" (1. Thessalonicher 4,3–4; NeÜ). Wir schenkten ihnen auch ein Armband mit diesem Bibelvers und sie trugen es bei ihren Dates.

Als sie fast erwachsen waren, gaben wir für jeden eine Männer-Party und luden Lehrer und Freunde ein, die ihnen einen guten Rat mit auf den Weg geben konnten. Und kurz bevor sie bei uns auszogen, um zu studieren, gaben wir ihnen ein paar „Studienanfänger-Anregungen und Appetithäppchen". Das waren fünf besondere Abendessen, bei denen wir uns über heikle Themen unterhielten. (Eine Liste mit Fragen für die fünf Abende können sie auf unserer Website www.lovewise.com aufrufen.)

Manche Leute sagen uns: „Bill, Pam, ihr seid ja ganz schön streng mit euren Kindern." Dann stimmen wir ihnen zu und erwidern: „Ja, das sind wir auch. Wir nehmen die Kindererziehung eben sehr ernst." Erziehung ist anstrengend, aber hinterher hat man es leichter. Wer die Erziehung seiner Kinder nicht ernst nimmt, hat später viel mehr nachzuholen. Es ist leichter, von Anfang an viel Zeit in seine Kinder zu investieren. Wir haben frühzeitig gute Werte gesät und können jetzt süße Früchte der Erziehung ernten, denn unsere Kinder sind heute reife Menschen, die gute Entscheidungen treffen. Ein

Kollege formuliert es so: „Investieren Sie lieber gleich in Ihre Kinder. Sonst müssen Sie es später tun."

Bill und ich haben die Erfahrung gemacht, dass wir durch unser Zusammenspiel als Eltern auch als Paar vertrauter miteinander geworden sind. Und jetzt, wo wir sehen, wie unsere Söhne ihre Kinder aufziehen, fühlen wir uns noch enger miteinander verbunden. Als Großeltern wollen wir unsere Erziehungstipps an unsere erwachsenen Söhne weitergeben, denn es ist uns wichtig, sie darin zu ermutigen, die guten Werte auch ihren Kindern zu vermitteln. Deshalb habe ich, Pam, mich an dem Buch *Raising a Modern-Day Princess* beteiligt und ich hoffe, dass meine Enkeltöchter einmal gute Entscheidungen im Leben treffen werden. Gott möchte, dass wir seine guten Werte an die nächsten Generationen weitergeben. Das können wir im 5. Buch Mose nachlesen:

> *„Behaltet die Gebote im Gedächtnis, die ich euch heute verkünde! Prägt sie euren Kindern ein und sagt sie euch immer wieder vor – zu Hause und auf Reisen, wenn ihr euch schlafen legt und wenn ihr erwacht. Bindet sie euch zur ständigen Erinnerung an den Arm und auf die Stirn. Schreibt sie auf die Türpfosten eurer Häuser und auf die Tore eurer Städte."* 5. Mose 6,6–9 (GNB)

Wir raten Eltern, ihr Markenzeichen (™) an ihre Kinder wie folgt weiterzugeben:

T wie Traditionen, mit denen Sie an besonderen Tagen im Jahr Ihren Glauben weitergeben und christliche Werte vermitteln.

M wie Memo, also den Merkzettel, den Sie Ihren Kindern mitgeben, d. h. Ereignisse, die Ihre Kinder besonders geprägt haben.

Reden Sie mit Ihrem Partner darüber, was Sie sich auf dem Lebensweg mit Ihren Kindern erhoffen. Wie wollen Sie Ihren Kindern Ihren Glauben vermitteln? Welche Traditionen, welcher Merkzettel soll Ihnen dabei helfen?

HERR, hilf uns, unsere Kinder in deinem Sinne auf das Leben vorzubereiten. Lass uns mit Weisheit und Kreativität gute Traditionen pflegen. Amen.

36. Tag

Bleiben

Und Daniel blieb bis zum ersten Jahr des Königs Kyrus.

Daniel 1,21 (ELB)

Wir haben unsere Söhne oft zum Sport begleitet und ihre wichtigsten Football-Spiele sogar auf Video aufgezeichnet. So können wir uns die besten Momente wie Angriff, Ballgewinn, Pass und Touchdown immer wieder ansehen. Die meisten Spiele haben sie gewonnen. Es macht so viel Spaß, diese Videos anzusehen, auch wenn wir darin nicht alles einfangen konnten. Es gibt zum Beispiel keine Videos über das intensive Ausdauertraining, sei es beim Gewichtheben oder beim Laufen. Die Verletzungen unserer Kinder haben wir natürlich auch nicht gefilmt. Außerdem ist nirgendwo das Nachdenken über die Frage dokumentiert, ob man sich weiter diesem zermürbenden Ausdauersport hingeben soll. Diese Szenen spielten sich hinter den Kulissen ab, doch ohne sie gäbe es nicht die Highlights, die wir auf Film festgehalten haben.

Auch Daniel 1,21 ist gewissermaßen ein Filmausschnitt, der Bände spricht: *„Und Daniel blieb bis zum ersten Jahr des Königs Kyrus."*

Daniel, ein Diener des babylonischen König Nebukadnezar, muss zu dieser Zeit schon ungefähr 75 Jahre alt gewesen sein, denn das „erste Jahr des Königs Kyrus" war das Jahr, in dem die Israeliten den Tempel in Jerusalem wieder aufbauen durften (siehe Esra 1), und es war damit gleichzeitig auch das Ende der 70 Jahre anhaltenden Gefangenschaft der Israeliten. Im Alter von nur 15 Jahren war Daniel gefangen genommen worden und in den darauf folgenden 60 Jahren, in denen er stets an seinen Überzeugungen festhielt, wurde er immer einflussreicher. Zum Zeitpunkt von Daniel 1,21 war er ein sehr bedeutender Mann.

Wir können dem Bibeltext entnehmen, dass Daniel trotz der vielen schweren Momente in seinem Leben durchhielt, denn „Daniel blieb".

Er wurde mit Weisheit beschenkt, denn er war ein Berater des Königs, und „Daniel blieb". Und wir lesen darin, dass ihm niemand Schaden zufügen konnte, denn

„Daniel blieb". Trotz Neid und Intrigen wuchs sein Einfluss und „Daniel blieb".

Sein größtes Abenteuer erlebte er jedoch erst im hohen Alter, denn als er in die Löwengrube geworfen wurde, war er über 80 Jahre alt. Das können wir Daniel 6,1 entnehmen. Und in den beiden darauffolgenden Versen steht:

„Und es gefiel Darius, über das ganze Königreich hundertundzwanzig Statthalter zu setzen. Über sie setzte er drei Fürsten, von denen einer Daniel war" (Daniel 6,2–3; LUT)). Darius wurde erst 19 Jahre nach Kyrus König. Da war Daniel schon ein alter Mann. Trotzdem war er immer noch sehr angesehen und einflussreich und die anderen Fürsten fürchteten ihn.

Es geht hier aber nicht um Daniels Alter, sondern um seinen Glauben, an dem er ein Leben lang festhielt. Als Paar werden Sie gute und schlechte Tage, Gesundheit und Krankheit erleben. Gemeinsam werden Sie Siege davontragen und auch Niederlagen einstecken müssen. Aber der Wert dieser gemeinsamen Erfahrungen wird in der Tatsache liegen, dass Sie *geblieben sind.*

Meine (Pams) Großeltern waren 60 Jahre verheiratet. Sie hatten viele glückliche gemeinsame Jahre, aber es gab auch sehr schwere Zeiten. Als Paar erlebten sie zwei Weltkriege, die Weltwirtschaftskrise, Krankheiten und Zeiten der Armut, aber sie hielten immer durch. Sie sind sogar noch zusammengeblieben, als beide hätten sagen können: „Ich bin nicht mehr glücklich mit dir". Und weil sie zusammenblieben, wurden sie mit Liebe und Glück beschenkt. Ich weiß noch, wie mein Großvater seine Frau jeden Samstagabend durch die Küche wirbelte, bevor sie zum Squaredance fuhren. Dabei lachten sie und zwinkerten sich zu. Das machten sie jahrelang so und mehrere Generationen nach ihnen können sich noch darüber freuen.

Wenn Sie eines Tages auf Ihr gemeinsames Leben zurückblicken, werden Sie sich bestimmt nicht mehr an jedes Detail Ihrer Beziehung erinnern. Aber Ihnen werden all die Höhepunkte einfallen, die Sie beide zusammenschweißten.

Gott möchte, dass auch Sie bleiben, so wie Daniel. Wenn Sie seinem Beispiel folgen, wird Gott Ihnen so treu beistehen wie Daniel in der Löwengrube.

HERR, wir wollen für den Rest unseres Lebens füreinander einstehen. Hilf uns, die Höhepunkte unserer Liebe zu sehen, die uns zusammenschweißen. Und hilf uns, uns treu zu bleiben. Amen.

37. Tag

Du bist die Richtige

Das Licht der Gerechten strahlt auf.

SPRÜCHE 13,9 (EU)

Zu unserem 32. Hochzeitstag schrieb ich, Bill, folgenden Blog-Eintrag:

Heute ist unser 32. Hochzeitstag und wir haben immer wieder darüber nachgedacht, was unsere Liebe über die vielen Jahre so stark gemacht hat. Als junger Mann dachte ich immer, mit der richtigen Frau an meiner Seite könnte ich eine perfekte Ehe führen. Die Richtige hätte bestimmt die magische Fähigkeit, alle Lücken in meinem Leben zu füllen.

Dann sind wir beide reifer geworden und haben erkannt, dass es in der Ehe darum geht, für den anderen der Richtige zu sein, also mit ihm durch dick und dünn zu gehen. Unserer Meinung nach ist man für den anderen dann der oder die Richtige, wenn man:

- das Leben gemeinsam genießt: Unternehmen Sie regelmäßig etwas zusammen und erfreuen Sie sich an den gemeinsamen Erinnerungen. Stress im Alltag und unsere vielen Verpflichtungen lassen uns oft vergessen, dass man jede Woche auch etwas Schönes zusammen unternehmen kann. Jesus hat dafür gebetet, dass wir Freude im Leben haben. In Johannes 17,13 (NLB) steht: *„Jetzt aber komme ich zu dir. Ich habe ihnen vieles gesagt, während ich in der Welt war, damit sie von meiner Freude vollkommen erfüllt sind".*[18]

- seinem Partner mit Gnade begegnet: Niemand ist perfekt, trotzdem können wir miteinander auskommen. Wir alle haben Schwächen und müssen sogar uns selbst gegenüber nachsichtig sein. Da ist es schon schwieriger, den Partner mit seinen Schwächen anzunehmen, Geduld mit ihm zu haben und freundlich zu bleiben. Wenn wir eine erfolgreiche Beziehung führen wollen, müssen wir dem Partner vergeben können (siehe Kolosser 3,13) und *„freundlich und geduldig"* sein (Epheser 4,2; HFA).

- viel gemeinsam lacht: Die Ehe ist vollkommen unvollkommen, doch man kann gemeinsame Erfolge feiern und lachen, denn „*Fröhlichkeit ist gut für die Gesundheit, [aber] Mutlosigkeit raubt einem die letzte Kraft*" (Sprüche 17,22; GNB). Wir alle machen Fehler, sollten aber trotzdem das Lachen nicht verlernen. Über die Dinge, die uns früher die größten Schwierigkeiten bereitet haben, können wir heute lachen. Heute schmunzeln wir über unseren Streit, der ein Jahr lang anhielt. Wir lachen über die Zeiten, als wir nicht wussten, wie wir mit unseren Kindern umgehen sollten. Und wir denken gern an die Zeit zurück, als wir kein Auto hatten und Fahrrad fahren mussten. Es war nicht leicht, diese Dinge durchzustehen, aber wir schätzen unsere Erinnerungen, die wir mit niemand anderem so erlebt hätten.

- sich immer wieder den Sinn des Lebens vor Augen führt: „*Denn wir sind Gottes Schöpfung. Er hat uns in Christus Jesus neu geschaffen, damit wir zu guten Taten fähig sind, wie er es für unser Leben schon immer vorgesehen hat.*" (Epheser 2,10; NLB) Dass wir leben, ist kein Zufall. Gott experimentiert nicht mit uns, sondern wir sind Teil seines Planes und er hat die Zeit und den

Ort, wann und wo wir leben sollen, genau bestimmt. Wir können auf mindestens drei Generationen Einfluss nehmen, so dass Menschen, die wir vielleicht nie kennenlernen werden, einmal von unseren Entscheidungen im Leben profitieren werden.

Wir hatten als Paar sehr viel mehr Spaß, als wir als Single je gehabt hätten, und wir sind auch viel reifer und stärker geworden. Bei einer gemeinnützigen Veranstaltung haben wir mal erklärt, wie man die Welt ein bisschen besser machen kann:

Wollt ihr eine bessere Welt,
dann brauchen wir bessere Länder.
Wollt ihr bessere Länder,
dann brauchen wir bessere Städte.
Wollt ihr bessere Städte,
dann brauchen wir bessere Kirchen.

Wollt ihr bessere Kirchen,
dann brauchen wir bessere Familien.
Wollt ihr bessere Familien,
dann brauchen wir bessere Ehen.

Wollt ihr eine bessere Ehe,
dann seid bessere Ehepartner.
Willst du einen besseren Ehepartner,
dann werde selbst ein besserer Mensch.

Jesus, hilf uns, für unseren Partner „der Richtige“ zu werden, damit wir als Familie die Welt ein bisschen besser machen können. Amen.

38. Tag

Aus Liebe handeln

Gott zu lieben heißt, seine Gebote zu befolgen, und das ist nicht schwer.

1. Johannes 5,3 (NLB)

Diesen Vers habe ich als junger Mann schon gelesen und damals hat er mir nicht gerade gefallen. Aber jetzt, wo wir eine Familie sind, ergibt er langsam einen Sinn für mich.

Unsere Kinder und Enkelkinder wohnen in verschiedenen Städten, aber an den Feiertagen können wir viel Zeit miteinander verbringen. Da gibt es jede Menge vorzubereiten. Unsere drei Söhne sind sehr sportlich und essen viel. Unsere Enkelkinder sind vier und zwei Jahre alt, sie wollen beschäftigt werden und hinterher gibt es immer viel zum Aufräumen.

Da haben wir viel zu tun, zum Beispiel:

- O die Flüge buchen
- O das Auto zur Werkstatt bringen
- O das Gepäck von fünf Personen und
- O Weihnachtsgeschenke im Auto verstauen
- O die Kleidung für eine ganze Woche
- O einpacken
- O Lebensmittel für neun Personen einkaufen
- O die Spielsachen aufräumen
- O 8x Abendessen, 8x Mittagessen und 9x Frühstück für neun Personen zubereiten
- O die Spielsachen aufräumen
- O 25 x Geschirr spülen
- O die Spielsachen aufräumen

- Brotwürfel für die Enten schneiden, den Enkelinnen die Wintermäntel anziehen und zum See laufen
- dabei eine der Enkelinnen einen Kilometer des Weges tragen
- die Enten am See füttern
- einen Schneemann bauen
- mit den Enkelinnen Schlitten fahren
- vom See aus wieder nach Hause laufen
- dabei wieder eine der Enkelinnen einen Kilometer des Weges tragen, diesmal bergauf
- noch mal einkaufen gehen

ach und nicht zu vergessen:

- die Spielsachen aufräumen.

So geht es immer weiter.

Das macht viel Arbeit, aber auch großen Spaß, denn wir lieben unsere Kinder und Enkelkinder. Die Liebe macht den Unterschied. Wenn wir uns gegenseitig lieben und verbunden fühlen, ist die Arbeit nicht schwer. Dann erledigen wir einfach unsere Aufgaben, ohne uns ausgenutzt zu fühlen. Die Bibel nennt das *geschwisterliche Liebe* im Sinne von Gemeinschaft oder Verbundenheit.[19] (vgl. 2. Petrus 1,7 nach der NeÜ.)

Deshalb sollten wir uns geehrt fühlen und nicht überfordert sein, wenn Gott uns um etwas bittet. Aber wenn wir uns nicht mehr auf Gott ausrichten und die Verbindung zu ihm kappen, wird es problematisch. Dann fühlen wir uns schnell ausgenutzt oder manipuliert. Und obwohl sich die Art der Arbeit nicht verändert hat, fühlt sie sich plötzlich wie eine schwere Last an.

Aber wenn wir aus Liebe handeln, kommt uns das gar nicht wie Arbeit vor. Das haben wir auch mal bei einem Mittagessen mit unserer Familie so erlebt. Zwei unserer Söhne kramten einen Schreibblock hervor und kritzelten ihre Ideen für die Footballmannschaft aufs Papier. Einer ist Trainer an einer Schule, der andere spielt in einer Mannschaft an einer Universität. Der Trainer ging also gerade seiner Arbeit nach und holte sich dabei von seinem Bruder, dem Football-Spieler, die Meinung ein. Er sollte seine Skizze hinsichtlich der Durchführbarkeit beurteilen. Beim Zusehen hätten wir nie gedacht, dass diese Unterhaltung Arbeit war. Sie unterhielten sich angeregt, waren sehr konzentriert und engagiert, aber sie lieben Football und empfinden die Vorbereitungen auf die Spiele nicht als Last.

Wenn wir mit unserem Partner oder unseren Kindern eine schwere Zeit durchmachen, sollte uns das ein Warnsignal sein und uns darauf aufmerksam machen, dass wir den guten Draht zu ihnen verloren haben, sonst würden sie uns ja nicht belasten.

Wenn wir Beziehungsprobleme haben, dann haben wir uns meistens emotional voneinander entfernt.

Wenn wir Probleme bei der Arbeit haben, dann übersehen wir vielleicht, dass es ein Geschenk ist, dass wir produktiv sein dürfen.

Wenn das geistliche Wachstum schwer auf den Schultern drückt, haben wir vergessen, wie sehr Gott uns liebt.

Es ist keine Lösung, wegzulaufen oder sich mit der Situation zu quälen, sondern man kann sich von Gott neu ausrichten lassen und wieder aufeinander zugehen. Wenn wir das tun, wird unsere Last leicht.

Jesus, wir wollen in allem, was wir tun, von deiner Liebe erfüllt sein. Amen.

39. Tag

Gemeinsam aktiv sein

Denkt daran, dass alle wie in einem Wettrennen laufen, aber nur einer den Siegespreis bekommt. Lauft so, dass ihr ihn gewinnt!

1. Korinther 9,24 (NLB)

Als Teilnehmer des TV-Abnehm-Camps *The Biggest Loser* haben Phil und Amy Parham zusammen etwa 116 kg abgenommen. Daraufhin schrieben sie das Buch *90-Day Fitness Challenge.* Darin geben sie jede Menge Tipps, wie man zu einem gesunden und aktiven Lebensstil findet. Studien zufolge leidet die Mehrheit der US-Amerikaner an Gewichtsproblemen. Die Parhams tragen mit ihrem Buch also dazu bei, dass Kinder und Enkelkinder ihre Eltern und Großeltern länger um sich haben.

Wir sind auch nicht von Natur aus dünn, im Gegenteil. Unser Arzt hat uns eingeschärft, unserem Körper weniger Zucker und Kohlenhydrate zuzuführen und wesentlich mehr Eiweiß, Obst und Gemüse zu essen.

Obwohl wir beide schon als Kinder Sport gemacht haben, wurde uns irgendwann klar, dass wir unsere Kinder (heute alle Sportler) von der Zuschauertribüne aus angefeuert haben, statt aufzustehen und aktiv zu bleiben. Erst mit Mitte 40 erkannten wir, dass wir täglich Sport machen müssen. Daraufhin haben wir unseren Tagesplan umgestaltet und mit Sport ergänzt. Jetzt gehen wir immer wieder Schwimmen, spielen Tennis, machen eine Kajak-Tour oder fahren Fahrrad.

Es ist auch mal anstrengend, aber das ist es wert. Auch Paulus wusste, dass Training hart sein kann, sich am Ende jedoch lohnt:

> *Denkt daran, dass alle wie in einem Wettrennen laufen, aber nur einer den Siegespreis bekommt. Lauft so, dass ihr ihn gewinnt! Jeder Athlet übt strenge Selbstdisziplin. Er tut das allerdings, um einen Preis zu erringen, dessen Wert verblassen wird – wir aber tun es für einen ewigen Preis. So halte ich mir stets das Ziel vor Augen und laufe mit jedem Schritt darauf zu. Ich kämpfe wie ein Boxer, aber nicht wie einer, der ins Lee-*

re schlägt. Mit der eisernen Disziplin eines Athleten bezwinge ich meinen Körper, damit er mir gehorcht. Sonst müsste ich befürchten, dass ich zwar anderen gepredigt habe, mich danach aber womöglich selbst disqualifiziere. 1. Korinther 9,24–27 (NLB)

Achten Sie darauf, dass Sie und Ihr Partner gesund leben. Das ist so, als würde man sich gemeinsam auf die Olympischen Spiele vorbereiten. Obwohl Paulus diese Bibelstelle nur als Bild gebraucht, gibt sie trotzdem einige Anhaltspunkte, wie Sie beide als Team zu sportlichen Höchstleistungen auflaufen können:

Trainieren Sie Ihren Kopf. Halten Sie sich immer wieder Ihr Ziel vor Augen. Laufen Sie, um den ewigen Siegeskranz zu gewinnen. Man bleibt auf dem richtigen Weg, wenn man sich immer wieder auf das Ziel konzentriert. Vicki Heath spricht in ihrem Buch *Don't Quit Get Fit* immer wieder davon, dass man eine anhaltende Motivation für den Sport benötigt. Wenn Sie sich damit motivieren, dass Sie in Ihre enge Jeans passen oder gut aussehen wollen, wenn Sie zu einem Klassentreffen gehen, ist das nur ein vorübergehender Anreiz zum Sport. Sie halten wahrscheinlich länger durch, wenn Sie sich zum Beispiel das Ziel stecken, so lange zu leben, dass Sie noch zu der Hochzeit Ihrer Enkelkinder gehen können.[20]

Überlegen Sie mal mit Ihrem Partner, was Sie dauerhaft zum Sport motivieren würde. Welches gemeinsame Ziel könnte Sie beide zu einem gesünderen Lebensstil anspornen?

Trainieren Sie Ihren Körper. Wenn Sie Ihr Leben so lange wie möglich zu zweit verbringen wollen, müssen Sie sich körperlich fit halten. Dafür brauchen Sie einen Trainingsplan, den Sie streng einhalten müssen. Das erfordert natürlich eiserne Disziplin.

Es ist doch so: Ihr Körper darf Sie nicht einschränken, er soll Ihnen dienen. Es wäre ja schlimm, wenn Ihr Körper Ihnen vorschreiben würde, was Sie zu tun oder zu lassen haben.

Bei uns in der Nähe gibt es ein Olympia-Trainingszentrum, daher sehen wir viele Sportler. Einige haben sich ganz dem Sport verschrieben und verbringen viel Zeit beim Training.

Wenn Sie sich auf die Olympischen Spiele vorbereiten würden, hätten Sie höchstwahrscheinlich einen Trainer. Es gäbe auch ein paar Fans, die Sie anfeuern, und Sie würden sich wahrscheinlich rundum gesund ernähren. Für den anstehenden Wettbewerb würden Sie jeden einzelnen Muskel trainieren und auch mental hielten Sie sich fit.

Sie und Ihr Partner ziehen an einem Strang. Seien Sie sich gegenseitig ein Trainer oder zumindest ein Fan, der Sie anfeuert. Überlegen Sie gemeinsam, wie Sie sich bei einem gesunden Lebensstil unterstützen können, damit Sie ein langes Leben miteinander verbringen.

Herr, bitte hilf uns gesund zu leben und segne uns mit einem langen Leben zu zweit. Amen.

40. Tag

Z. E. I. T. für die Liebe

Ein jegliches hat seine Zeit,
und alles Vorhaben unter dem Himmel hat seine Stunde.

PREDIGER 3,1 (LUT)

Den Leuten fehlt immer die Zeit. Der Tag hat nicht genügend Stunden. Dabei haben wir alle so viel Zeit. Es sind 365 Tage im Jahr, 7 Tage die Woche und 24 Stunden am Tag. Jede Woche hat 168 Stunden. Es ist medizinisch sinnvoll, nachts acht Stunden zu schlafen, das sind 56 Stunden in der Woche. Sie haben also noch 112 Stunden für die Ernährung, Arbeit, Sport und Freizeit, Familie und romantische Stunden.

Gottes Meinung zum Umgang mit der Zeit ist diese:

„Darum achtet genau auf eure Lebensweise! Lebt nicht wie Unwissende, sondern wie Menschen, die wissen, worauf es ankommt. Nutzt die Zeit; denn wir leben in einer bösen Welt.“ Epheser 5,15–16 (GNB)

Wir leben in einer bösen Welt, deshalb will Gott, dass wir unsere Zeit sinnvoll nutzen und Prioritäten setzen. Es ist doch so: Gott ist derjenige, der die Ehe geschaffen hat, und zwar mit Adam und Eva. Die Ehe war zuerst da, noch vor der Kirche und dem Arbeitsleben. Von allen Beziehungen war sie von Anfang an Gottes erste Priorität für unser Leben auf der Erde. Die Ehe ist Gott wichtig, also erlaubt er Ihnen auch, sich dafür viel Zeit zu nehmen. Planen Sie Ihre Z. E. I. T. für die Liebe.

Wie viel Zeit muss man investieren, um ein Leben lang glücklich verheiratet zu sein? Diese Frage beantworten wir in unserem Buch *Red-Hot Monogamy*. Darin erklären wir auch, wie wenig Zeit es kostet, um eine enge Bindung beizubehalten, eine glückliche Ehe zu führen (und ein gutes Sexleben zu haben). Also nehmen Sie sich Z. E. I. T. für die Liebe:

Zehn bis zwanzig Minuten am Tag sollten reichen, um im Gespräch zu bleiben, und zwar nur Sie beide. Nehmen Sie sich diese Zeit und sprechen Sie dabei nicht darüber, wer was wann einkauft. Wenn Sie miteinander reden, können Sie sich wieder aufeinander ausrichten und vielleicht auch neu ineinander verlieben. Deshalb lassen wir in jedem unserer Bücher einen Fragekatalog für Paare abdrucken.

Wir kennen viele glückliche Paare, die auch noch nach 30, 40 oder 50 Jahren Ehe leuchtende Augen haben. Ihr Geheimnis liegt in den kleinen Dingen, sei es eine Unterhaltung bei einer Tasse Kaffee am Morgen oder bei einem gemeinsamen Spaziergang am Abend.

Entspannen Sie einmal in der Woche bei einer gemeinsamen Verabredung am Abend (oder auch bei Frühstück oder Mittagessen). Nehmen Sie sich dafür mindestens vier Stunden Zeit. (Das ist die Zeit, die man braucht, um eine emotionale Bindung zu festigen.) Wir sind von dieser wöchentlichen Auszeit so überzeugt, dass wir uns sogar zweimal pro Woche miteinander verabreden, denn manchmal werden unsere Pläne durchkreuzt. Wenn wir also doppelt so viel Zeit einplanen, schaffen wir es meistens auch in einer anstrengenden Woche, etwas Schönes zusammen zu unternehmen.

Investieren Sie einmal im Monat Ihre Freizeit in einen Ausflug mit Ihrem Partner. Verbringen Sie mindestens einmal im Monat acht bis zwölf Stunden am Stück miteinander. Es ist sehr wichtig, dass sie in dieser Zeit etwas unternehmen, das *beiden* Spaß macht.

Fehlt Ihnen ein Babysitter? Dann seien Sie kreativ: Bringen Sie Ihre Kinder selbst ins Bett, verwandeln Sie dann Ihr Zuhause in eine gemütliche Pension und tun Sie so, als ob Sie weggefahren wären. Auch ein gemeinsames Hobby oder eine neue Sportart kann Sie zusammenschweißen.

Treten Sie einmal im Vierteljahr (oder Halbjahr) eine gemeinsame Reise an. Verbringen Sie ein Wochenende an einem anderen Ort. Dafür sollten 24–48 Stunden genügen. Nehmen Sie doch mal an einem Eheseminar teil. Dort lernen Sie, wie Sie Ihre Ehe stärken können. Oder ruhen Sie sich einfach mal aus, entspannen Sie und kommen Sie gemeinsam wieder zu Kräften. Sie können auch mit der ganzen Familie verreisen, aber passen Sie auf, dass Sie mindestens 24 Stunden als Paar für sich alleine haben. Es gibt nichts Schöneres, als dem Alltag zu entfliehen, zu kuscheln und so das Feuer der Liebe zu schüren.

Wofür Sie sich auch entscheiden, genießen Sie Ihre gemeinsame Z. E. I. T.!

Herr, lass uns unsere Woche klug einteilen und segne uns, wenn wir uns Zeit füreinander nehmen. Amen.

41. Tag

Als Eltern entscheidend Einfluss nehmen

Ihr Väter, reizt eure Kinder nicht, sondern erzieht sie nach den Maßstäben und Ermahnungen des Herrn.

Epheser 6,4 (NeÜ)

In diesem Vers steckt die Erkenntnis, dass Eltern entscheidend Einfluss auf ihre Kinder nehmen können. Bei der Kindererziehung spielt Disziplin eine wichtige Rolle. Sie soll den Kindern helfen, Selbstdisziplin zu entwickeln. Ein Ziel der Erziehung ist, dass die Kinder zu selbstsicheren Erwachsenen werden, für die das Wort Selbstbeherrschung kein Fremdwort ist.

Alleine können Kinder dieses Ziel nicht erreichen. Deshalb liegt es in der Verantwortung der Eltern, wichtige Entscheidungen für ihre Kinder zu treffen, bis sie selbst dazu in der Lage sind. Man übergibt ihnen diese Verantwortung nach und nach.

Kinder brauchen dabei die Anleitung der Eltern. Die Eltern müssen sich aktiv mit ihren Kindern auseinandersetzen, sie lehren, zurechtweisen, motivieren und herausfordern.

Ein weiteres Ziel der Erziehung ist, den Kindern dabei zu helfen, ihre gottgegebenen Träume zu entdecken und die Fähigkeiten zu entwickeln, um sie zu verwirklichen. Wir Eltern sollten versuchen, unseren Kindern bei der Entwicklung von Selbstdisziplin zu helfen, damit sie ihr Potenzial voll entfalten können. Wenn wir dann unseren Einfluss auf unsere Kinder und Enkel behalten wollen, müssen wir ihnen genau den Entscheidungsspielraum geben, den sie gerade bewältigen können.

Das wurde uns auch klar, als unser zweiter Sohn in der 9. Klasse die Schule wechselte. Zach ging es wie vielen anderen Kindern, die große Brüder haben. Er wollte unbedingt ganz anders sein als sein Bruder. Leider trieb er es damit zu weit. Sein Lebensmotto lautete: „Das, was Brock mag, ist mir zuwider".

Ich, Bill, fragte ihn: „Welche AGs willst du auf der High School belegen?" Darauf antwortete er: „Keine Ahnung, jedenfalls will ich nicht so sein wie Brock."

„Willst du Football spielen?"

„Nein."

„Warum denn nicht?"

„Weil Brock schon Football spielt."

„Willst du Schülersprecher werden?"

„Nein."

„Und warum nicht?"

„Brock ist doch einer der Schülersprecher."

Unser Gespräch ging immer so weiter. Wir haben uns wirklich viel Mühe gegeben, konnten ihn aber nicht dazu bewegen, sich eine der AGs auszusuchen. Wir machten uns ernsthaft Sorgen um ihn, denn die High School ist nicht gerade leicht durchzustehen. Wir waren schließlich so besorgt, dass wir ihn ins Wohnzimmer riefen und ihm sagten:

„Zachery, deine Einstellung zur Schule ist nicht gut. Immer wieder sagst du uns, was du *nicht* machen willst, aber du hast scheinbar keine Ahnung, *was* du machen willst. Wir haben den Eindruck, dass du momentan keine Entscheidungen treffen willst, deshalb grenzen wir die Optionen jetzt für dich ein und lassen dir die Wahl zwischen zwei Sachen. Entweder du denkst noch mal über alles nach und versuchst, eine andere Einstellung zur Schule zu finden, oder Dad wird dich jeden Morgen zur Schule begleiten."

Wir hatten uns verständlich gemacht, seine Augen wurden groß. Man konnte ihn förmlich denken hören:

„Das ist doch nicht euer Ernst. Wisst ihr, wie peinlich das wäre? Da wäre ich in der Schule doch voll der Außenseiter."

Natürlich hatten wir intensiv für Zach gebetet. Ich wollte ihn doch auch nicht immer zur Schule begleiten. Zach musste nicht lange überlegen. Er fing mit dem Footballspielen an und fand außerdem ein Hobby, das sein großer Bruder bestimmt nie ergriffen hätte: Als Cheerleader war er so erfolgreich, dass er später ein Stipendium fürs College bekam.

Als sein Vater hätte ich mich nicht dafür entschieden, aber für meinen Sohn war es genau das Richtige. Wir mussten ihn nur anstupsen, damit er aktiv wurde. Wir hatten uns für ihn Zeit genommen und er hatte schließlich Erfolg.

Wenn Sie Kinder haben, dann überlegen Sie mal mit Ihrem Partner, wie Sie ein besseres Team in der Kindererziehung werden können, damit sie ihren einzigartigen und gottgewollten Weg finden.

HERR, gib uns Weisheit, damit wir unsere Kinder in deinem Sinne erziehen. Hilf uns und unseren Kindern, unser Potenzial voll auszuschöpfen. Amen.

42. Tag

Unerwartetes Glück

Gelobt sei, der da kommt in dem Namen des Herrn!

Matthäus 21,9 (LUT)

Die besten Erfahrungen im Leben kommen unerwartet. Bei einer Konferenz im kanadischen Edmonton konnten wir miterleben, wie unsere Vorträge viele Teilnehmer dazu motivierten, sich zu verändern. Zwei Paare kamen auf uns zu. Das eine sagte: „Wir hatten uns bereits voneinander getrennt, sind aber trotzdem hierher gefahren. Das war die letzte Chance, unsere Beziehung zu retten. Dank Ihrer Vorträge diese Woche bei der Konferenz bleiben wir jetzt zusammen."

Das andere Paar meinte: „Uns ist dieses Wochenende klar geworden, dass wir nicht genügend in unsere

Beziehung investiert haben. Als Patchwork-Familie haben wir uns gegenseitig den schwarzen Peter zugeschoben. Aber jetzt werden wir gemeinsam eines Ihrer Bücher lesen und Ihre Ratschläge befolgen."

Solche Gespräche hatten wir uns erhofft. Denn wir hatten dafür gebetet, dass wir die Menschen zur Veränderung bewegen können. Veränderung geschieht auf Eheseminaren übrigens erstaunlich häufig.

Allerdings hatten wir nicht erwartet, dass wir nach der Konferenz auf dem Weg zum Flughafen einen so interessanten Fahrer kennenlernen würden.

Paul fuhr einen Geländewagen und schien ein ganz normaler Mann zu sein. Er war nicht auffällig gekleidet und gehörte zu den zurückhaltenden Fahrern. Während der Fahrt stellte sich aber heraus, dass Paul einer der Sänger der vierköpfigen A-cappella-Gruppe *The Crew Guys* ist. Er hat ein natürliches Gespür für Musik und kann alle möglichen Dialekte nachahmen. Auf dem kurzen Weg zum Flughafen sang er das Lied „Turn Your Eyes upon Jesus". Danach gab er uns noch ein paar Kostproben seiner Dialekte und sprach Neufundland-Englisch, Britisches Englisch und einen der Dialekte Südkaliforniens. Wir applaudierten ihm zum Dank und staunten darüber, dass ein so talentierter Mann am Wochenende ehrenamtlich Fahrten anbietet. Es war so schön, nach dem „Geben" etwas zu „empfangen". Dieses

Erlebnis war ein Geschenk, ja Gottes Segen für unseren Dienst.

Auch in Matthäus 21 passierte etwas Unerwartetes. Das Passahfest stand vor der Tür und die Menschen strömten nach Jerusalem, um diese Woche zu feiern. Die Feierlichkeiten liefen jedes Jahr nach dem gleichen Muster ab und die Leute hatten entsprechende Erwartungen. Aber dann machte Jesus etwas, womit die Menschen überhaupt nicht gerechnet hatten. Er *„sandte [...] zwei Jünger voraus und sprach zu ihnen: ‚Geht hin in das Dorf, das vor euch liegt, und gleich werdet ihr eine Eselin angebunden finden und ein Fohlen bei ihr; bindet sie los und führt sie zu mir!'"* Matthäus 21,1–2 (LUT)

Seine Jünger gehorchten ihm. Sie gingen los, holten die Eselin und das Fohlen und legten ihre Kleider darauf, damit sich Jesus daraufsetzen konnte.

Und dann passierte noch etwas viel Ungewöhnlicheres: Eine große Menschenmenge legte ihre Kleidung auf den Weg, auf dem Jesus zu ihnen ritt, und einige Menschen schnitten Zweige von den Bäumen und schmückten damit den Weg für Jesus. Und die Menschen, die vor und hinter Jesus gingen, riefen laut:

„Hosanna dem Sohn Davids!"
„Gelobt sei, der da kommt in dem Namen des Herrn!"
„Hosanna in der Höhe!"

Im Matthäusevangelium lesen wir dann: „*Die ganze Stadt Jerusalem war in Aufruhr, als er einzog. ‚Wer ist das?', fragten die Leute. Und die Menschen in der Menge antworteten: ‚Das ist Jesus, der Prophet aus Nazareth in Galiläa.'*" Matthäus 21,10–11 (NLB)

Diese unerwartete Ankunft des Messias wurde zum Höhepunkt des Passahfestes.

Was können wir nun aus dieser Geschichte lernen? Erstens, vertrauen Sie darauf, dass Gott Ihnen auch im Alltag begegnet, und zweitens, halten Sie bewusst Ausschau nach Gottes Segen für jeden Tag. Vielleicht unternehmen Sie demnächst etwas Schönes mit Ihrem Partner. Wer weiß, womöglich wird das sogar einer der schönsten Tage im Jahr. Loben Sie Gott mit einem „Hosanna!", wenn Sie das erleben.

HERR, öffne unsere Augen für all den Segen, den du uns tagtäglich schenkst. Hosanna! Amen.

43. Tag

Aufeinander achten

Denn nur die gerechten Menschen werden dieses Land bewohnen, nur die Rechtschaffenen werden darin bleiben. Die Gottlosen aber werden aus dem Land verbannt und die Treulosen werden vertrieben.

Sprüche 2,21-22 (NLB)

Als wir dieses Kapitel schreiben wollten, hörten wir von dem Tod der berühmten Popsängerin Whitney Houston. Am Abend vor der Verleihung der Grammy Awards wurde sie tot in ihrem Hotelzimmer aufgefunden. Whitney sang schon als kleines Mädchen im Gospelchor einer Kirche. Als sie den berüchtigten Bobby Brown heiratete, war sie bereits ein Superstar. Leider wurde bald darauf berichtet, dass sie Drogen nahmen und auch häusliche Gewalt übten. Letztlich verlor Whitney alles, erst ihre

Ehe, dann ihre tolle Stimme und am Ende sogar ihr Leben. Vielleicht denken Sie jetzt: „Ach, so etwas passiert uns nie." Aber überlegen Sie doch mal, ob Sie mit bestimmten Ideen Ihren Partner vom Weg abbringen. Gibt es da etwas, das Gott nicht möchte und das ihrer Ehe schadet? Vielleicht sagen Sie Ihrem Partner etwas wie:

- „Lass uns Wein trinken. Wir arbeiten so schwer, das haben wir uns verdient."
  – Vorsicht! Erst ist es nur ein Glas Wein, daraus kann aber eine schwerwiegende Abhängigkeit werden und Sie finden sich bald in der Entzugsklinik wieder.

- „Komm, wir bestellen Pizza und für jeden eine große Portion Eis."
  – Damit können Sie sich schnell schlechte Essgewohnheiten antrainieren und Ihre Gesundheit ruinieren.

- „Der Sex macht keinen Spaß mehr. Komm, wir holen uns ein paar heiße Anregungen bei einem Pornofilm."
  – Von solchen Bildern können Sie süchtig werden. Es kann sogar passieren, dass Sie dann ohne einen Pornofilm nicht mehr erregt werden.

- „Wir müssen mal abschalten. Lass uns auf eine Party gehen und dort Marihuana rauchen. Sei nicht so verklemmt, probier's doch mal."
  – Damit werden Sie den Drogen zum Opfer fallen.

- „Komm, wir sparen das Geld. Wozu Steuern zahlen? Die ruinieren uns."
  – Mit dieser Einstellung wird es immer leichter, an allen Ecken und Enden zu „sparen".

- „Lass uns noch ein paar Sachen aus dem Supermarkt mitnehmen. Das müssen wir nicht bezahlen. Die Supermarktkette wird dadurch nicht arm, aber wir brauchen diese Dinge."
  – Ladendiebstahl ist und bleibt eine Straftat.

Alles fängt scheinbar ganz harmlos mit einem Gedanken an, kann Sie dann aber ruinieren. Seien Sie vorsichtig mit Sätzen wie *„Das haben wir uns verdient"* und *„Das brauchen wir"*. Mag sein, dass Sie sich mal einen Urlaubstag, einen Mittagsschlaf oder eine Auszeit verdient haben. Aber Vorsicht, die Dinge, die man zu brauchen oder zu verdienen scheint, sind oft *schädlich* für uns. Oder *brauchen* Sie Wein, Fast Food, Pornofilme und Drogen? Natürlich nicht. Sie *brauchen* aber Ihre Gesundheit, gute Beziehungen zu Freunden und der Familie und natürlich auch zu Ihrem Partner und zu Gott. Die Bibel will uns warnen:

> *„Ihr wart auf dem richtigen Weg. Wer hat euch gehindert, weiter der Wahrheit zu folgen? Was man auch gesagt hat, um euch zu überreden: es kommt nicht von dem, der euch berufen hat. Ein wenig Sauerteig durchsäuert den ganzen Teig."*
> Galater 5,7–9 (EU)

Wenn Sie denken, dass diese kleinen Kompromisse nicht schaden können, dann empfehle ich Ihnen einen Zeitungsartikel über ehemalige Kommilitonen von uns. Wir hatten uns beim Studium angefreundet, waren gemeinsam in der Jugendarbeit tätig und wurden ungefähr gleichzeitig Pastoren. Während Bill und ich alles dafür taten, um unsere Beziehung zu schützen, verhielten sich unsere Freunde ganz anders. Wir wollten uns nichts zuschulden kommen lassen und weise berufliche Entscheidungen treffen, die unseren Ruf nicht ruinieren. Unser Leitspruch lautet: „Handle so, dass du keine Vorwürfe erntest". Leider pflegten unsere Kollegen einen Lebensstil, frei nach dem Motto: „Wir arbeiten sehr schwer und Gott möchte, dass wir uns dafür belohnen".

Es fing ganz harmlos an. Erst kauften sie sich Jetskis, dann kamen ein Whirlpool und Ferienwohnungen dazu und bald wurde aus der Haltung „Das haben wir uns verdient" ein „Komm, wir pfeifen auf die Regeln".

Mit der Zeit wurden sie sehr stolz, fingen mit dem Trinken an und sahen Pornofilme. Bald darauf hatten sie einen völlig anderen Lebensstil. Sie wurden untreu und suchten sich irgendwann neue Lebensgefährten. Leider gelangte alles an die Öffentlichkeit. In den Medien wurden hässliche Fotos gezeigt, sie verloren ihre Anstellungen in der Kirche, ihre Ehe scheiterte, sie wurden krank und ihre Kinder hatten keinen Respekt mehr vor ihnen. Damit verloren sie auch ihr Ansehen. Da kann man leider nicht sagen: „Und sie lebten glücklich bis an ihr Lebensende".

Denken Sie daran: *„Ein wenig Sauerteig durchsäuert den ganzen Teig."* Wenn Sie sich kleine Sünden erlauben, ist das so, als ob Sie einen Teelöffel Gift in Ihr Essen mischen. Aber diese scheinbar harmlosen kleinen Sünden holen Sie früher oder später ein und ruinieren Ihr Leben.

HERR, hilf mir, meinen Partner davon zu überzeugen, das Richtige zu tun. Bewahre uns vor der Dummheit, scheinbar kleine Sünden zu begehen, die unser Leben ruinieren. Amen.

44. Tag

Schatz, ich hab Kopfschmerzen!

Keiner soll sich dem anderen verweigern, es sei denn, beide Ehepartner beschließen übereinstimmend, sich für eine begrenzte Zeit sexuell zu enthalten, um sich noch intensiver dem Gebet widmen zu können. Danach kommt wieder zusammen, damit euch der Satan nicht in Versuchung führt, weil ihr euch nicht beherrschen könnt.

1. Korinther 7,5 (NLB)

Ich, Pam, weiß noch, wie ich diesen Bibelvers gelesen und dann gebetet habe: „Herr, du weißt ja, ich schlafe wirklich gerne mit Bill. Ich bin so verliebt in ihn, aber ich hab immer solche Kopfschmerzen. Ich möchte ja so oft wie möglich mit Bill Sex haben, aber Gott, auch wenn es wie eine Ausrede klingt: Ich hab einfach ständig diese

Kopfschmerzen. Dann sag ich meinem Mann: ‚Heute nicht, Schatz, ich habe Kopfschmerzen.' Herr, hast du eine Lösung?"

Kurz darauf ging ich wegen meiner Migräne zum Arzt. Im Wartezimmer blätterte ich eine Gesundheitszeitschrift durch und stieß dabei auf einen kleinen Artikel, in dem stand, dass sich beim Sex verkrampfte Blutgefäße öffnen, was die Kopfschmerzen lindern würde.

Ich war ja so erleichtert. Wenn Bill heute mit mir Sex haben will, sage ich: „Gern, Schatz, denn ich hab wieder Kopfschmerzen." Es macht auch viel mehr Spaß, wenn *Bill* meine Kopfschmerzen lindert, als wenn ein Schmerzmittel das übernimmt.

Für Paare sind der Sex und das Gebet die zwei besten Abwehrmittel gegen die Versuchungen des Teufels. Wir wurden einmal von einer Gemeinde eingeladen, unser Buch *Red-Hot Monogamy* vorzustellen, denn eine Gemeindeleiterin, die eine negative Einstellung zu ihrem Mann und zum Sex hatte, vertrat dort die ungewöhnliche Meinung, dass verheiratete Frauen nur dann „spirituell" seien, wenn sie sich sexuell enthalten, und zwar jahrelang!

Als die Gemeindeleitung Wind von dieser unbiblischen Lehre bekommen hatte, lud sie uns ein, damit wir eine differenzierte, aber dennoch biblische Sicht zum Thema Sex in der Ehe schildern.

In dem Bibelvers wird bereits angedeutet, dass es auch Zeiten geben kann, in denen man sich sexuell enthalten sollte, *„um sich noch intensiver dem Gebet widmen zu können“*. Es kann sein, dass Sie gemeinsam fasten und um Weisheit beten müssen, um schwere Situationen zu meistern und weise Entscheidungen zu treffen, wenn es zum Beispiel um ein Jobangebot, einen Umzug, gesundheitliche Probleme oder um die Erziehung eines aufsässigen Kindes geht. Das sollte aber eine kurze und intensive geistliche Zeit der Stille sein, auf die dann wiederum eine intensive Zeit mit dem Partner im Schlafzimmer folgt.

Es ist eine Form geistlichen Gehorsams, wenn Sie sich als Ehefrau oder Ehemann mit Ihrem Körper und Ihrer Seele voll und ganz Ihrem Partner hingeben. Überschütten Sie Ihren Partner mit Liebe! Der Sex wurde doch für die Ehe geschaffen. Dem sollten Sie genauso viel Raum geben wie all den anderen geistlichen Disziplinen, wie der stillen Zeit, dem Gottesdienst und dem Gebet. Gott meint es ernst, wenn er sagt: *„Keiner soll sich dem anderen verweigern“*, denn dieses „Verweigern“ oder „Entziehen“ (ELB) kann man im Urtext auch mit „berauben“ übersetzen. Aber mit Ihrer Eheschließung haben Sie sich nicht nur eine Beziehung fürs Leben, sondern auch den Sex mit Ihrem Ehepartner versprochen. Wenn Sie keinen Sex mit Ihrem Partner haben wollen, körperlich aber dazu fähig wären, dann ist das so, als ob Sie Gott sagen würden, dass das Beten auch unwichtig sei. Aber die körperliche Liebe ist ein wichtiger Bestandteil der Ehe.

Sehen wir uns mal die Bibelstelle in ihrem Kontext an. Die beiden voranstehenden Verse lauten:

> *„Der Mann leiste der Frau die eheliche Pflicht, ebenso aber auch die Frau dem Mann. Die Frau verfügt nicht über ihren eigenen Leib, sondern der Mann; ebenso aber verfügt auch der Mann nicht über seinen eigenen Leib, sondern die Frau."* 1. Korinther 7,3–4 (ELB)

In einer christlichen Ehe sollen sich die Ehepartner also „die eheliche Pflicht leisten"; das sind sie einander „schuldig". (*„Der Mann leiste der Frau, was er ihr schuldig ist, desgleichen die Frau dem Mann"* (LUT)). Und dieses „Leisten, was man schuldig ist" kann wiederum übersetzt werden mit „jemanden bezahlen", „belohnen" oder sogar „Früchte tragen". Das sind doch lauter gute Ausdrücke. Wir alle freuen uns über unser Gehalt, unsern Lohn, ja unsere „Belohnung" und essen gern süße, reife Früchte. Gott spricht hier unsere Emotionen an. Wir sollen Sex als eine „Pflicht" ansehen, die wir leisten *wollen*. Und das Beste daran ist, dass die grammatikalische Form des Verbs „leisten“ anzeigt, dass wir es uns zur guten Gewohnheit machen sollen.

1. Korinther 7, Vers 4 ist der Schlüssel zum Erfolg in der Ehe, denn jeder Ehepartner hat durchaus ein Anrecht auf den Körper des anderen. Als wir bei unserer Hochzeit gemeinsam vor dem Altar standen, versprachen wir uns, dass wir uns hundertprozentig lieben und dem anderen hingeben wollen. Dieses Versprechen beinhaltet, dass wir uns auch sexuell an unseren Partner verschenken wollen.

HERR, gib uns ein tiefes Verlangen füreinander. Amen.

45. Tag

Ich muss dir was beichten!

Das Wichtigste aber ist, dass ihr einander beständig liebt, denn die Liebe deckt viele Sünden zu!

1. Petrus 4, 8 (NLB)

Ich, Pam, bin leidenschaftliche Unternehmerin. Ich liebe es, etwas aus dem Nichts zu erschaffen, mit qualitativ hochwertigen Produkten den Menschen zu helfen und dadurch meine Familie zu versorgen.

Als Bill mit 28 Jahren Pastor wurde, war ich Mutter und Studentin. Da die Studiengebühren unsere Haushaltskasse sehr belasteten, entschloss ich mich, einen Existenzgründer-Kurs zu belegen. Der Kursleiter war sehr überzeugend und brachte mich dazu, eine riskante Investition zu tätigen.

Auf dem Heimweg redete mir der Heilige Geist ins Gewissen und erinnerte mich daran, dass ich damit gerade mehr Geld ausgegeben hatte, als ich ausgeben darf, ohne Bill vorher zu fragen. Bill und ich hatten nämlich kurz nach unserer Hochzeit vereinbart, dass jeder von uns einen bestimmten Geldbetrag frei ausgeben darf und dass wir den anderen vorher fragen, wenn wir noch mehr Geld ausgeben wollen. Wenn eine bestimmte Summe verbraucht war, wollten wir gemeinsam entscheiden, wofür wir den Rest des Geldes ausgeben.

Mit meiner vorschnellen Investition hatte ich also Bills Vertrauen gebrochen. Also betete ich und bat Gott um Vergebung und um Weisheit. Denn ich hatte Angst davor, es Bill zu sagen, und wünschte mir, dass er mir vergibt.

Dann war es so weit. Ich nahm Bill bei der Hand, sah ihm in die Augen und sagte mit gebrochener Stimme: „Ich muss dir was beichten. Bitte bleib ruhig und sag mir danach: ‚Ich liebe dich und wir werden das gemeinsam durchstehen.'" Bills Gedanken kreisten. Voller Spannung hörte er mir zu.

Als ich ihm alles gesagt hatte, war er zunächst erleichtert, doch ich konnte auch seine langsam aufsteigende Wut wahrnehmen. Daher rechne ich es ihm hoch an, dass er mir, wenn auch zähneknirschend, antwortete: „Pam, ich liebe dich und ich vergebe dir. Gemeinsam werden wir das durchstehen." Bill hatte mir damit eine Gnade erwiesen, die sich tief in mein Gedächtnis eingebrannt hat, und seit diesem Tag liebe ich ihn noch mehr.

Viele Jahre später verstarb mein Vater. Er vererbte mir viel Geld und Bill vertraute die Summe einem Freund an, der uns versicherte, es wäre „eine unglaublich gute Investition". Bill war davon so begeistert, dass er mir einredete, es sei die Gelegenheit, jetzt etwas für unsere Zukunft zurückzulegen.

Bei uns im Lande stehen die Menschen Finanzberatern eher skeptisch gegenüber, seit der ehemalige Börsenmakler Bernie Madoff über 20 Milliarden US-Dollar veruntreute und damit den größten Betrug der US-Geschichte begangen hat.

Aber wir tätigten unsere Investition lange vor diesem Skandal. Leider machten wir damit unsere ganz persönliche „Madoff-Erfahrung", denn Bill erfuhr schon bald darauf, dass wir das gesamte investierte Geld verloren hatten. Er war am Boden zerstört, da er mit seiner Fehlentscheidung das Erbe meines Vaters verspielt hatte. Also betete er und bat Gott um seinen Beistand, wenn er mir das beichten würde.

Dann nahm er mich bei der Hand und sagte mit gebrochener Stimme: „Pam, ich muss dir was beichten. Bitte bleib ruhig und sag mir danach: ‚Ich liebe dich und wir werden das gemeinsam durchstehen'."

Ich, Pam, hatte damals mehrere hundert Dollar verspielt, Bill jetzt mehrere tausend. Aber Bill war damals so gut zu mir und so gnädig, dass ich einfach nicht anders konnte, als ihm zu sagen: „Bill, ich liebe dich und ich vergebe dir. Gemeinsam werden wir das durchstehen."

In beiden Fällen wurde unser Zusammenhalt durch unsere gegenseitige Ehrlichkeit und Vergebungsbereitschaft gestärkt. Wir haben uns nicht nur wirtschaftlich davon erholt, sondern dabei gelernt, dass man so, wie man Geld auf dem Konto anhäuft, auch mit Mitgefühl, Gnade und Vergebung die Liebe vermehren kann. Wenn Sie das auch tun, können Sie beide emotional, geistlich und vielleicht sogar finanziell wachsen, weil Ihr Zusammenhalt durch solche Situationen gestärkt wird und Sie damit besser Ihren weiteren gemeinsamen Weg durchs Leben gehen können.

HERR, mach uns zu ehrlichen und vergebungsbereiten Menschen, denn die Liebe deckt viele Sünden zu. Amen.

46. Tag

Wie Freunde Ihre Ehe stärken können

Rechtschaffene Menschen lassen sich von ihren Freunden den Weg zeigen.

SPRÜCHE 12,26 (GNB)

Neulich schrieb ich von meinem Laptop aus eine E-Mail und kam dabei aus Versehen auf eine falsche Taste, sodass ab da eine Menge komischer Zeichen mitten in meinem Text eingeblendet wurden. Da ich den Text so unmöglich versenden konnte, fuhr ich mit meinem Laptop zu Bill ins Büro, denn meistens kann er solche Computerprobleme lösen.

Er war gerade in einem Ehe-Beratungsgespräch mit Steve und Beth, konnte mir meinen Kummer aber sofort ansehen.

Als er mich den beiden vorgestellt hatte, bat ich Bill, mein Computerproblem zu beheben, und ich war schon etwas erleichtert, als ich merkte, dass Bill auch keine Lösung parat hatte, denn dadurch kam ich mir nicht mehr ganz so dumm vor.

Dann fragte Beth plötzlich: „Darf ich es mal versuchen? Ich bin Programmiererin." Nach nur einem Mausklick hatte sie das Problem tatsächlich gelöst. Sie erklärte mir, wie ich das in Zukunft selbst machen kann, und sagte schließlich: „Ich kann Ihre Computer-Codes knacken und Sie beide wissen, wie man die Codes in der Liebe entschlüsselt. Mit diesem Wissen können wir uns gegenseitig helfen."

In unserem Buch *The Marriage Code* gehen wir auf das Entschlüsseln der Liebescodes ein. Beth hat es in diesen zwei Sätzen auf den Punkt gebracht: Ein wichtiger Schlüssel sind Freundschaft und Liebe.

Es ist ratsam, sich mit Freunden zu umgeben, die selbst verheiratet sind und etwas von der Liebe und von Romantik verstehen. Eine Studie hat ergeben, dass sich Paare einer langjährigen Beziehung eher mit Freunden treffen, die ebenfalls schon lange in einer Beziehung sind.

Und tatsächlich kann die gegenseitige Unterstützung, die aus solch einer Freundschaft entsteht, ein wichtiger Erfolgsfaktor für die eigene Ehe sein.

Als frisch Verheiratete waren unsere besten Freunde Steve und Grace. Wir arbeiteten zusammen in der Gemeinde und nahmen gemeinsam an Eheseminaren und Gottesdiensten teil. Bill und ich verbrachten auch gern Zeit mit unseren Geschwistern und deren Ehepartnern, und die Gespräche bei Familienfeiern drehten sich meistens um die Themen Liebe, Romantik und Ehe. Außerdem leiteten wir Ehehauskreise und ähnliche Kurse.

Als wir nach unserem Umzug niemanden mehr hatten, mit dem wir uns über unsere Ehe austauschen konnten, gründeten wir kurzerhand einen neuen Ehe-Hauskreis.

Es gibt mindestens drei Möglichkeiten, wie ein Paar, mit dem Sie gut befreundet sind, Ihnen helfen kann, die Liebescodes zu entschlüsseln:

Beobachten Sie, wie Ihre Freunde

- *miteinander umgehen.* Wenn Sie sehen, wie sich die beiden gegenseitig dienen, statt nur auf sich selbst bedacht zu sein, können Sie sich in Sachen Freundlichkeit und Hilfsbereitschaft ein paar Anregungen für Ihre eigene Ehe holen.

- *miteinander reden.* Achten Sie auf die wohlwollenden, aufbauenden Worte, aber auch auf verletzende

Äußerungen, und übernehmen Sie die guten Sätze in Ihren Wortschatz.

- O *miteinander leben.* Achten Sie auf den Tonfall und die Körpersprache Ihrer Freunde und lernen Sie aus deren Fehlern. Sie können damit Ihre Kommunikation in der Ehe deutlich verbessern.

Wenn Sie in eine Ehekrise geraten, dann schütten Sie Ihr Herz lieber nicht bei einem Single aus, der meistens mit ganz anderen Problemen zu kämpfen hat und vielleicht auch seine ganz eigene Einstellung zur Ehe hat. Suchen Sie lieber Hilfe bei Freunden, die schon die eine oder andere Ehekrise überstanden haben, denn diese Menschen können Ihnen wirklich weiterhelfen. Also pflegen Sie die Freundschaften zu den Paaren, die eine Art Sicherheitsnetz für Ihre Ehe sein können, indem sie Ihnen mit Liebe und Weisheit zur Seite stehen. Bei solchen Menschen sind Sie in Zeiten der Krise an der richtigen Adresse.

HERR, gib uns gute Freunde, die uns in unserer Ehe stärken können. Amen.

47. Tag

Liebe ist anderen ein Licht!

Ein neues Gebot gebe ich euch, dass ihr euch untereinander liebt, wie ich euch geliebt habe, damit auch ihr einander lieb habt. Daran wird jedermann erkennen, dass ihr meine Jünger seid, wenn ihr Liebe untereinander habt.

JOHANNES 13,34-35 (LUT)

Immer wieder werden wir Christen gefragt: „Wirkt sich euer Glaube an Gott auch auf eure Beziehungen aus?" Das ist Ihre Chance, für diese Menschen ein Licht zu sein. Wir möchten an dieser Stelle ein Beispiel aus unserem Leben geben:

Bill war bereits Pastor und wir waren gerade mit unseren beiden kleinen Kindern umgezogen. Eines Tages, als ich mit unserem dritten Sohn schwanger war, lernte ich bei einem Baseballspiel Trina kennen, die von

Gott noch nicht viel wusste. Jedes ihrer drei Kinder hatte einen anderen Vater. Trina war aber nie verheiratet. Als wir uns kennenlernten, war sie gerade schwanger und lebte mit einem Mann zusammen, der ausgerechnet Verhütungsmittel vertreibt. Welche Ironie?!

Wir begegneten uns noch öfter. Sie beschäftigte sich mit spirituellen Dingen und sagte Sachen wie: „Guck mal, diesen Flyer hab ich beim Einkaufen in die Hand gedrückt bekommen. Da steht, dass im Stadion bald Jesus im Körper eines Gurus auftreten wird. Wollen wir da mal hingehen und Jesus kennenlernen?“ Oder sie berichtete mir begeistert von ihrem letzten Erlebnis und sagte: „Jetzt weiß ich endlich, was Gottes Wille für mein Leben ist, denn eine Frau hat mir aus der Hand gelesen. Willst du wissen, was sie mir gesagt hat?“

Immer wieder versuchte ich, ihr zu helfen und ihren bunten Blumenstrauß an spirituellen Fragen zu beantworten. Eines Tages sagte ich ihr: „Trina, ich habe den Eindruck, dass du dir sehr viele Gedanken über Gott machst und dich fragst, welche Rolle er in deinem Leben spielen soll. Ich beantworte dir gern deine Fragen und ich möchte dich zu mir nach Hause einladen. Da treffen wir uns einmal in der Woche in einer kleinen Gruppe und lernen, wer Gott ist, wer Jesus ist, wie sehr er uns liebt und dass er einen wunderbaren Plan für unser Leben hat. Es wäre schön, wenn du auch mit dabei wärst.

Und danach könnten wir mit den Kindern in den Park oder an den Strand fahren. Was hältst du davon?" Sie freute sich und nahm das Angebot an.

Aber obwohl sie monatelang zum Hauskreis kam, konnte ich keine geistliche Veränderung in ihrem Leben wahrnehmen. Wir sind alle möglichen Bücher durchgegangen wie *Der Fall Jesus, Evidence That Demands a Verdict* und *The Uniqueness of Jesus.* Trotzdem wollte sie ihr Leben noch nicht an Jesus übergeben und war auch nicht bereit, Gottes Liebe für sich zu empfangen. So ging es lange, bis sie eines Tages bei uns zu Hause war und mitbekam, wie Bill mich überraschte.

Bei unseren Seminaren sagen wir immer wieder: „Das, was Sie an Ihrem Partner lieben, kann Sie später einmal verärgern. Es kann also passieren, dass Sie an einer Charaktereigenschaft Ihres Partners verzweifeln, die Sie eigentlich an ihm lieben. Dann hilft es, wenn Sie sich daran erinnern: ‚Ach ja, dafür liebe ich ihn oder sie ja so sehr!'"

Ich liebe es zum Beispiel, dass Bill so gut zuhören kann. Wenn jemand eine Frage hat, behandelt er ihn so, als wäre er der Einzige auf der Welt.

Aber an dem Tag, als Trina bei uns zu Hause war, wollten wir mit dem Auto losfahren. Bill war mit einem unserer Autos unterwegs, das andere war in der Werkstatt. Er sieht nicht auf die Uhr, wenn er arbeitet, und kommt deshalb fast immer 10–15 Minuten später nach Hause als vereinbart, was mich immer sehr ärgert.

Bill weiß das auch und hat es sich zur Gewohnheit gemacht, mir einen Strauß Rosen mitzubringen. Denn er weiß: „Wenn ich sowieso zu spät komme, kann ich Pam ja auch Blumen mitbringen, dann ist sie nicht mehr so wütend."

Also kam er an diesem Nachmittag mit einem wunderschönen Blumenstrauß nach Hause, gab mir einen Kuss und sagte: „Ich liebe dich, Schatz. Soll ich den Damen schon mal helfen, das Auto einzuladen, damit ihr zum Strand fahren könnt?"

Trina sah mich verdutzt an und fragte: „Hat eurer Jesus ihm gesagt, dass er Blumen mitbringen soll?" Daraufhin ich: „Ja, wahrscheinlich hat er das. Gottes Geist hilft uns immer wieder, so miteinander umzugehen, dass unsere Liebe wächst." Da wusste Trina plötzlich, was sie tun wollte, und sagte: „Gut, dann will ich euren Jesus auch kennenlernen."

Erstellen Sie eine Liste mit den Menschen, die mitbekommen, wie liebevoll Sie und Ihr Partner miteinander umgehen, und beten Sie immer wieder, dass Ihre gemeinsame Liebe ein Licht für diese Menschen ist, das sie darauf hinweist, wie sehr Gott die Menschen liebt.

HERR, lass uns so lieben, wie du uns liebst, damit wir für andere ein Licht sind und sie den Weg zu dir finden. Amen.

48. Tag

Abgekämpft

Diese Botschaft vertraue ich dir an, […] nach den Weissagungen, die früher über dich ergangen sind, damit du in ihrer Kraft einen guten Kampf kämpfst.

1. Timotheus 1,18 (LUT)

Das Leben ist ein Kampf. Vielleicht wussten Sie es noch nicht, aber diesen Kampf müssen Sie auch in der Liebe, also mit Ihrem Partner, ausfechten. Wir können total erschöpft sein, weil wir versuchen, immer alles richtig zu machen.

Nach den Maßstäben dieser Welt gilt: „Wenn dein Partner dich verletzt, ist es dein gutes Recht ihn anzugreifen". Genauso sei es legitim, sich scheiden zu lassen. Aber Gott fordert Sie heraus. Er möchte, dass Sie bei Ihrem Partner bleiben und für Ihre Ehe kämpfen. In der

Bibel steht: „*Gott ist die Liebe*“ (1. Johannes 4,8; LUT) und weil Gott die Liebe ist, kann der Teufel es nicht ausstehen, wenn wir liebevoll miteinander umgehen. Deshalb wird er alles tun, um einen Keil zwischen Sie und Ihren Partner zu treiben. Obwohl Sie sich wirklich wünschen, dass Ihre Liebe hält, sind Sie schnell abgekämpft und Ihnen fehlt die Kraft, für Ihre Liebe zu kämpfen. Da wird man leicht müde. Aber geben Sie bitte nicht auf, denn Jesus gibt Ihnen Rückendeckung! Bei dem Kampf für die Liebe begleitet uns doch immer sein Versprechen:

> *„Werdet nicht müde, Gutes zu tun. Es wird eine Zeit kommen, in der ihr eine reiche Ernte einbringt. Gebt nur nicht vorher auf! Solange uns noch Zeit bleibt, wollen wir allen Menschen Gutes tun; vor allem aber denen, die mit uns an Jesus Christus glauben.“* Galater 6,9–10 (HFA)

> *„Der Gott aller Gnade aber, der euch berufen hat zu seiner ewigen Herrlichkeit in Christus Jesus, der wird euch, die ihr eine kleine Zeit leidet, aufrichten, stärken, kräftigen, gründen. Ihm sei die Macht von Ewigkeit zu Ewigkeit! Amen.“* 1. Petrus 5,10–11 (LUT)

In seiner großen Herrlichkeit hat Gott uns versprochen, uns nach den Angriffen wieder aufzubauen. Er will uns,

- wiederaufrichten
- stärken
- neue Kraft geben und
- auf festen Grund stellen.

Wenn wir Gottes Handeln zulassen, sind wir am Ende trotz aller Kämpfe gestärkt und für die Zukunft gerüstet. Gott hat uns in unserem Leben immer wieder seine Treue erwiesen.

Sehen wir uns einmal gemeinsam an, wie Gott seinem Volk immer wieder seine Treue erwiesen hat:

1. **Gott sieht die Not der Israeliten:** *Und der Herr sprach zu Mose: „Ich habe die Klagen der Israeliten gehört. Teile ihnen Folgendes mit: ‚Gegen Abend werdet ihr Fleisch zu essen bekommen; morgen früh werdet ihr Brot erhalten und davon satt werden.' Dann werdet ihr erkennen, dass ich der Herr, euer Gott, bin.“* 2. Mose 16,11–12 (NLB)

2. Gott lindert ihre Not: *An diesem Abend flog eine große Anzahl Wachteln herbei. Sie ließen sich im ganzen Lager nieder. Am nächsten Morgen lag Tau rings um das Lager. Als der Tau später am Morgen verschwunden war, bedeckten feine Körner – wie Reif – den Boden. [...] Mose antwortete: ‚Das ist das Brot, das der Herr euch zum Essen gegeben hat.' [...] Jeden Morgen sammelten alle so viel, wie sie benötigten. Sobald es dann aber heiß wurde, schmolz das, was sie nicht gesammelt hatten, weg.* 2. Mose 16,13-21 (NLB)

3. Gott gibt seinem Volk inmitten ihrer Not Ruhe. *Mose berichtet ihm, was Gott will: „Morgen ist ein Ruhetag, der heilige Sabbat für den Herrn."* 2. Mose 16,23 (NLB)

HERR, richte uns wieder auf, wenn wir müde und kraftlos sind, und hilf uns, für immer zusammen zu bleiben. Amen.

49. Tag

Gemeinsam Spaß haben

Fröhlichkeit ist gut für die Gesundheit.

Sprüche 17,22 (GNB)

Mit Bill habe ich immer sehr viel Spaß. Das weiß jeder. Wir wurden mal gefragt, wie wir den Humor und die Freude in unserer Ehe pflegen. Gegen Stress, Enttäuschungen und Ärger hilft uns am besten die Fröhlichkeit. Wir sammeln zum Beispiel Witze und schicken sie uns per E-Mail oder wir kaufen lustige Spruchkarten, schmuggeln uns diese gegenseitig ins Gepäck oder schieben sie dem anderen unter der Tür durch. Mit solchen Späßen haben wir schon als frisch getrautes Ehepaar angefangen. Damals haben wir überall im Haus Wasserspritzpistolen versteckt und uns immer wieder spontan gegenseitig vollgespritzt. Außerdem mögen wir den Humor einiger Comedians, amüsieren uns aber auch noch lange über einmalige Erlebnisse in der Familie. Unsere vierjährige Enkelin bekam zu Weihnachten einen Prinzessinnenrucksack und schrie vor lauter Freude: „Den hab ich mir schon mein ganzes Leben lang gewünscht."

Auch wenn mal was schief läuft, bewahren wir uns unseren Humor. Bill hatte mal seine Anzughose vergessen, als wir zu einer Hochzeit fuhren, und er ist ja der Pastor. Allein bei der Vorstellung, dass der Pastor das Brautpaar in Unterhosen traut, mussten wir lachen. (Und es war ein Abenteuer, in nur 40 Minuten eine passende Hose für ihn aufzutreiben.)

Dawn Wilson und ich, Pam, stellen in unserem Buch *LOL with God* eine Auswahl der über 350 Bibelverse über Freude vor:

- *„Ehre und Herrlichkeit umgeben ihn, Macht und Freude erfüllen seine Wohnung."* 1. Chronik 16,27 (NLB)
  – Wohnen Sie bei Gott und freuen Sie sich mit ihm.

- *„Wenn er zu Gott betet, wird der ihn gnädig annehmen. Er wird Gott ins Gesicht sehen und vor Freude jubeln."* Hiob 33,26 (NLB)

– Beten Sie, und das Gebet wird Ihre Freude neu aufleben lassen.

- *„Doch die bei dir Zuflucht suchen, sollen sich freuen, sie sollen Loblieder singen in alle Ewigkeit."* Psalm 5,12 (NLB)

  – Finden Sie bei Gott Zuflucht. Dann werden Sie ihm voller Freude Loblieder singen.

- *„Denen aber, die zu mir hielten, schenke Freude, damit sie immer wieder sagen: ‚Groß ist der Herr, der seinem Diener mit Freuden zu Hilfe kommt.'"* Psalm 35,27 (NLB)

  – Freuen Sie sich über Gottes Güte und Gerechtigkeit.

- *„Meine Lippen und meine Seele, die du erlöst hast, sollen fröhlich sein und dir lobsingen."* Psalm 71,23 (LUT)

  – Loben Sie Gott für seine Liebe und danken Sie ihm, dass er Sie erlöst hat. Dann werden Sie eine tiefe Freude empfinden.

- *„Herr, ich freue mich über alles, was du für mich getan hast, und juble vor Glück über deine Taten."* Psalm 92,5 (NLB)

– Machen Sie sich Gottes Güte neu bewusst. Dann werden Sie von Freude erfüllt und jubeln vor Glück.

- „*Man singt mit Freuden vom Sieg in den Hütten der Gerechten: Die Rechte des HERRN behält den Sieg!*“ Psalm 118,15 (LUT)
  – Überlegen Sie, welche Siege Gott errungen hat. Lassen Sie sich von seiner Liebe erfüllen. Dann kehrt Freude ein.

- „*Alle werden die Nachricht von deiner wunderbaren Güte hören und werden jubeln vor Freude über deine Gerechtigkeit.*“ Psalm 145,7 (NLB)
  – Feiern Sie, dass Gott Sie immer versorgen wird. Dann wird Ihr Herz mit Freude erfüllt.

- „*Freude ist es für den Gerechten, wenn Recht geschieht.*“ Sprüche 21,15 (ELB)
  – Tun Sie das Richtige und genießen Sie die Freude darüber.

- „*Wenn du zu mir sprachst, verschlang ich jedes Wort. Deine Worte haben mich mit Glück und Freude erfüllt.*“ Jeremia 15,16 (NeÜ)
  – Lesen Sie Gottes Wort. Es wird Sie mit Freude erfüllen.

Wir haben die Erfahrung gemacht, dass es die Ehe enorm bereichert, wenn man die Freude wachsen lässt. Deshalb lassen wir uns nicht von einer Depression lähmen, in Streitereien verwickeln oder vom Ärger in den Wahnsinn treiben. Dazu ist unsere Zeit viel zu kostbar. Wenn Ihnen die Umstände Angst machen und Ihre Kraft rauben, dann greifen Sie zurück auf Ihre Freude über Gott. Sie ist der Rettungsring für die Liebe. Wir merken immer wieder, dass es wahr ist, wenn wir lesen: *„denn die Freude am HERRN ist eure Stärke."* Nehemia 8,10 (LUT)

Halten Sie zusammen und fliehen Sie gemeinsam zu Jesus, wenn das Leben schwer ist. Dann können Sie wie König David sagen: *„Du tust mir kund den Weg zum Leben: Vor dir ist Freude die Fülle und Wonne zu deiner Rechten ewiglich."* Psalm 16,11 (LUT)

HERR, wenn das Leben schwer ist, wollen wir zu dir laufen, denn du bist die Quelle der Freude. Bitte hilf uns, zusammenzuhalten und uns gemeinsam an dir zu freuen. Amen.

50. Tag

Wie der Heilige Geist Ihre Beziehung stärkt

Denn unser Evangelium ist nicht nur im Wort zu euch gekommen, sondern auch in Kraft und im Heiligen Geist und in großer Gewissheit.

1. THESSALONICHER 1,5 (SLT)

Der Heilige Geist schafft eine Verbindung zwischen dem Wort Gottes und Ihrem Herzen. Jesus spricht: *„Wenn aber jener kommt, der Geist der Wahrheit, so wird er euch in die ganze Wahrheit leiten"* (Johannes 16,13 (SLT)).

Den Schlüssel zum Herzen Ihres Partners finden Sie in der Bibel. Viele Bibelstellen können Ihnen in Ihrer Situation helfen und Ihnen Mut machen. Auch der heutige Bibelvers kann Ihnen weiterhelfen. Gott möchte Sie in seiner Treue in der Wahrheit leiten, egal, ob Sie gerade erst geheiratet haben oder schon viele Jahre verheiratet sind.

Bill und ich waren einmal in unserer Beziehung kräftig aus dem Gleichgewicht gekommen. Als Pastor für Hauskreise hatte Bill wertvolle Erfahrungen in der Zusammenarbeit mit Pastor Dr. David Jeremiah gesammelt und begann danach, mit mir als Autor und Referent zu arbeiten. Wir freuten uns beide über diese Möglichkeit, zusammenzuarbeiten und den Menschen zu helfen, „weise zu lieben". Aber trotzdem fehlte Bill die Gemeinde und die Kameradschaft mit den vielen anderen geistlichen Leitern, die er von unserer riesigen Gemeinde kannte. Ich drückte Bill eine lange Liste in die Hand, mit lauter Dingen, die er erledigen sollte, und freute mich, dass ich ihm damit die wunderbare Gelegenheit gab, seine Weisheit und sein Können unter Beweis zu stellen.

Bill arbeitete die Liste aber wesentlich langsamer ab als erwartet, denn er musste sich erst noch an die neue Arbeitssituation gewöhnen und Routine gewinnen. Ich ärgerte mich darüber, wie viele Dinge auf der Liste Bill immer noch nicht erledigt hatte. Damit hatte ich der Angst vor der Zukunft Tür und Tor geöffnet. Ich machte mir Sorgen, dass Bill mich im Stich lassen würde und seinen alten Job zurückhaben wollte. Und ich dachte, ich müsse meinen Mann wieder mit der Kirche teilen.

Und mich, Bill, ärgerten die hohen Erwartungen meiner Frau, die mir unrealistisch schienen. Ich hatte Angst, dass ich all ihre Erwartungen niemals erfüllen könnte.

Unsere Beziehung hatte darunter gelitten. Es war, als hätte sich unsere Liebe in den letzten Tagen abgekühlt. Also betete ich, Pam, dass Gott mir zeigt, wer von uns beiden sich ändern müsse und wer das Problem angehen soll. Insgeheim hoffte ich, dass Bill schon merken würde, dass es an ihm liegt, und wartete darauf, dass er sich bei mir entschuldigen würde. Ich wollte ihm dann natürlich vergeben und nach wie vor von ihm erwarten, dass er jeden Punkt auf der Liste, die ich ihm gab, abarbeitet.

Als ich eines Tages zum Sport fuhr, betete ich auf dem Weg: „Herr, geh Bill nach. Bewege ihn dazu, aktiv zu werden. Mach, dass er dir zuhört."

Ich höre oft die Andachten aus der Reihe *Walk in the Word*. Diese hab ich mir extra auf meinen iPod heruntergeladen. Ich höre dies, weil mir irgendwann klar geworden ist, dass mich der Heilige Geist eher dazu bewegen kann, in seiner Wahrheit zu wandeln, wenn ich mich mit der Wahrheit umgebe. An diesem Tag hörte ich beim Sport eine Bibelstelle aus dem Neuen Testament und die Worte, die durch die Kopfhörer in meine Ohren drangen, waren so richtig schön ärgerlich für mich.

Ich wurde von den Versen aus Epheser 4,1-3 (LUT) ermahnt. Dort heißt es: *„So ermahne ich euch nun, ich, der Gefangene in dem Herrn, dass ihr der Berufung würdig lebt, mit der ihr berufen seid, in aller Demut und Sanftmut, in Geduld. Ertragt einer den andern in Liebe und seid darauf bedacht, zu wahren die Einigkeit im Geist durch das Band des Friedens.“*

Als ich das gehört hatte, fragte der Heilige Geist mich sanft: „Begegnest du Bill mit dieser Demut, oder hast du bereits entschieden, dass Bill an allem schuld ist? Bist du sanftmütig und geduldig? Erträgst du deinen Mann in Liebe und trägst du seine vielen Lasten und Aufgaben mit? Wann hast du das letzte Mal Danke zu ihm gesagt, statt ihn aufzufordern, etwas zu erledigen oder ihm Erinnerungs-E-Mails zu schicken? Pam, hast du versucht, Bill in allem zu segnen? Hast du dich bemüht, ihn zu ermutigen? Hast du alles getan, um ihn zu entlasten? Bist du auf seine emotionalen Bedürfnisse eingegangen? Du kennst dich doch aus mit Beziehungen. Dann weißt du doch auch, was zu tun ist. Führst du ein Leben, das deiner Berufung würdig ist? Nimm dir einen Moment Zeit, Pam, um hier und jetzt in dieser Turnhalle zu beten. Frage mich, wie du Bill dabei helfen kannst, dass er meine Liebe, meinen Plan für sein Leben und die Hoffnung, die ich ihm geben will, wahrnimmt. Ich möchte dich, Pam, mit der Hoffnung erfüllen, dass du genau jetzt auf

Bills Bedürfnisse eingehen kannst, ohne nur deine eigenen Wünsche zu sehen."[21]

Ich hatte gebetet, dass Gott Bill nachgeht, damit unsere Ehe wieder in geregelten Bahnen verläuft und wir neuen Mut bekommen. Stattdessen hat Gott mir gesagt, was genau ich tun muss, damit sich unsere Beziehung bessert. Also umarmte ich Bill, als ich nach Hause kam, und entschuldigte mich bei ihm mit den Worten: „Du wunderst dich bestimmt über meinen Sinneswandel, aber ich weiß jetzt, dass ich in meinem Enthusiasmus sehr fordernd war und dass meine Liste viel zu lang ist. Das tut mir leid. Bitte vergib mir. Ich vertraue dir voll und ganz und weiß jetzt, dass es gut ist, dass du in deinem eigenen Rhythmus arbeitest."

Seit meiner Entschuldigung haben wir neuen Mut für unser Miteinander, denn damit machte ich es Bill leichter, mit mir zu leben und mich zu lieben.

Heiliger Geist, bitte leite uns in deiner Wahrheit, wenn wir in der Bibel nach der Wahrheit forschen. Amen.

51. Tag

Das Eheversprechen

Ein Diakon muss seiner Frau treu sein und sich in vorbildlicher Weise um seine Kinder und die ganze Familie kümmern.

1. Timotheus 3,12 (NGÜ)

Wir sind gerade in Hochzeitsvorbereitungen, aber nicht für unsere eigene Hochzeit. Wir sind ja schon seit über 32 Jahren glücklich verheiratet. Wir planen die Hochzeit unseres zweiten Sohnes und seiner Verlobten, die wir sehr schätzen. Einerseits sprechen wir mit ihnen über typische Themen, die man von Ehevorbereitungsseminaren kennt, zum Beispiel darüber, wie Gott sich die Ehe gedacht hat. Andererseits tauschen wir uns über die Einladungskarten, das Essen, eine geeignete Location, die Blumenarrangements, Kleid und Anzug usw. aus.

Aber das ganze Drumherum ist bei Weitem nicht so wichtig wie das *Eheversprechen.*

Wenn Sie verheiratet sind, dann schließen Sie Ihre Augen und erinnern Sie sich daran, wie es war, als Sie geheiratet haben. Wie war es, vor dem Altar zu stehen und vor Ihrer ganzen Familie und Ihren Freunden Ihrem Partner die Treue zu versprechen? Dieses Eheversprechen ist so wichtig, dass Ihre Gäste alles stehen und liegen ließen, um diesen kostbaren Moment in Ihrem Leben mit Ihnen zu teilen. Als Sie und Ihr Partner „Ja, ich will!" sagten (oder vielleicht werden Sie es erst noch sagen), haben Sie sich Folgendes versprochen:

„Ich, [Ihr Name], nehme dich
zu meinem Mann/meiner Frau.
Ich verspreche dir hier und jetzt,
dich zu lieben, zu achten und zu ehren,
an guten und an schlechten Tagen,
in Reichtum und in Armut,
in Gesundheit und Krankheit.
Ich will dir treu sein,
bis dass der Tod uns scheidet."

Sehen wir uns dieses Versprechen einmal näher an. An diesem Tag sind Sie einen Bund eingegangen. Sie haben Ihrem Partner versprochen,

- ihn zu Ihrem Mann /zu Ihrer Frau zu nehmen.

  Das erinnert uns daran, was Jesus in Lukas 10,27 (ELB) sagte:

  „Du sollst den Herrn, deinen Gott, lieben aus deinem ganzen Herzen und mit deiner ganzen Seele und mit deiner ganzen Kraft und mit deinem ganzen Verstand und deinen Nächsten wie dich selbst."

  Oder denken Sie an Kolosser 3,23 (NeÜ): *„Bei allem, was ihr tut, arbeitet von Herzen, als würdet ihr dem Herrn dienen und nicht den Menschen!"* In beiden Versen geht es darum, sich voll und ganz hinzugeben.

- „Ich verspreche dir hier und jetzt [...]"

  In der Ehe geht es darum, sich jeden Tag neu im Hier und Jetzt für die Liebe zu entscheiden. Dieses „Heute" wird auch in Hebräer 3,13 (NeÜ) betont: *„Ermahnt euch gegenseitig jeden Tag, solange es dieses ‚Heute', von dem die Schrift spricht, noch gibt, damit niemand auf den Betrug der Sünde hereinfällt und hart wird."* Wir sollen unseren Partner „jeden Tag" aufs Neue lieben, achten und ehren, ihn an jedem einzelnen Tag ermutigen, aufbauen und unterstützen.

- „dich zu lieben, zu achten und zu ehren"

  Lieben ist ein Verb. Das biblische „agape" bedeutet, jemanden bedingungslos zu lieben, auch wenn es schwer fällt. Achten und ehren Sie sich gegenseitig, so wie es in Epheser 5,29 (NLB) steht: *„Niemand hasst doch seinen eigenen Körper, sondern sorgt liebevoll für ihn, wie auch Christus für seinen Leib, also für die Gemeinde, sorgt."*

- „an guten und an schlechten Tagen, in Reichtum und in Armut"

  Paulus ermahnt uns, mit unserem Leben zufrieden zu sein, wenn er sagt: *„Ich habe gelernt, mit dem zufrieden zu sein, was ich habe. Ob ich nun wenig oder viel habe, ich habe gelernt, mit jeder Situation fertig zu werden: Ich kann einen vollen oder einen leeren Magen haben, Überfluss erleben oder Mangel leiden. Denn alles ist mir möglich durch Christus, der mir die Kraft gibt, die ich brauche."* Philipper 4,11-13 (NLB)

  Lassen Sie das Maß Ihrer Zufriedenheit von Ihrem Kontostand unabhängig sein.

- „in Gesundheit und Krankheit"

  Gehen wir noch einmal zu Epheser 5 zurück. Da geht es darum, dass Sie Ihren Partner so umsorgen sollen, wie Sie sich selbst umsorgen. *„Genauso sollten auch die Ehemänner ihre Frauen lieben, wie sie ihren eigenen Körper lieben. Denn ein Mann liebt auch sich selbst, wenn er seine Frau liebt. Niemand hasst doch seinen eigenen Körper, sondern sorgt liebevoll für ihn, wie auch Christus für seinen Leib, also für die Gemeinde, sorgt."* Epheser 5,28–29 (NLB) Außerdem hilft uns die goldene Regel dabei, diesen Teil Ihres Eheversprechens besser zu verstehen: *„Behandelt alle Menschen so, wie ihr von ihnen behandelt werden wollt!"* Lukas 6,31 (NeÜ) Wie behandeln Sie den Menschen, dem Sie die Ehe versprochen haben? Kümmern Sie sich so um ihn wie um sich selbst, also mit dem gleichen Einsatz und Enthusiasmus?

- **„Ich will dir treu sein"**

Im 2. Kapitel des Buches Maleachi, in dem es um die Ehescheidung geht, ermahnt uns Gott mehrfach, *„nicht treulos"* zu sein:

„Ihr aber sprecht: ‚Warum das?' Weil der HERR Zeuge war zwischen dir und der Frau deiner Jugend, der du treulos geworden bist, obwohl sie doch deine Gefährtin und die Frau ist, mit der du einen Bund geschlossen hast. Nicht einer hat das getan, in dem noch ein Rest von Geist war. Denn er sucht Nach-

kommen, die Gott geheiligt sind. Darum so seht euch vor in eurem Geist, und werde keiner treulos der Frau seiner Jugend.“ Maleachi 2,14–15 (LUT) Leider vergessen viele Paare, welchen Wert die Treue hat. Werden Sie nicht untreu!

- **„bis dass der Tod uns scheidet.“**
  Im 1. Buch Mose, Kapitel 15, lesen wir, dass Gott mit Abram einen Bund schließt, der so viel bedeutet wie: „Wenn ich meinen Bund mit dir breche, dann kannst du mit mir das machen, was wir gerade mit den Tieren gemacht haben, die hier zerteilt liegen.“ Bei diesem Bund wurde kein Anwalt eingeschaltet und es gab auch kein Hintertürchen.

  Die Ehe ist dazu bestimmt, ein Leben lang zu halten. Wenn sich also beide Ehepartner an ihr Eheversprechen halten, kann nur der Tod sie voneinander trennen.

HERR, schenke, dass wir uns jeden Tag neu an unser Eheversprechen erinnern und es halten. Amen.

52. Tag

Das Schwert des Geistes

Denn das Wort Gottes ist lebendig und wirksam und schärfer als jedes zweischneidige Schwert.

Hebräer 4,12 (ELB)

In Epheser 6,17 (ELB) steht: *„Nehmt auch den Helm des Heils und das Schwert des Geistes, das ist Gottes Wort!"* Das heißt, dass der Heilige Geist die Bibel gebraucht, um unsere Schritte zu lenken. Und wenn Sie in der Bibel lesen, wird Ihnen so mancher Vers ins Auge springen. Da wird es Bibelverse geben, die Ihnen helfen und Mut machen. Über andere Verse werden Sie sich ärgern, aber Sie werden dabei auf einen Bereich in Ihrem Leben stoßen, in dem Gott Sie verändern will. Und wenn Sie sich dem nicht verschließen, wird Gott Sie nach seinem

Plan für Sie leiten. Das habe ich, Bill, persönlich erlebt, als ich mich beruflich veränderte. Das ist noch gar nicht so lange her.

Für Männer ist eine berufliche Veränderung meist besonders schwer, denn sie messen dem Erfolg eine große Bedeutung bei. Mein alter Beruf machte mir großen Spaß. Ich ging gern zur Arbeit. Ich liebe aber auch meine jetzige Arbeit, obwohl ich jetzt eigentlich in einem völlig anderen Bereich tätig bin und dafür sehr viel dazulernen musste.

Diese berufliche Veränderung war schon sehr nervenaufreibend für mich und ich sehnte mich danach, Gottes Zustimmung für diesen Berufswechsel wahrzunehmen. In dieser Zeit des Abwägens las ich Psalm 32,8-9 (LUT). Da heißt es: *„Ich will dich unterweisen und dir den Weg zeigen, den du gehen sollst; ich will dich mit meinen Augen leiten. Seid nicht wie Rosse und Maultiere, die ohne Verstand sind, denen man Zaum und Gebiss anlegen muss; sie werden sonst nicht zu dir kommen.“*

Als ich diese Worte las, kamen mir sofort zwei Gedanken: Erstens, Jesus hat ein persönliches Interesse daran, mich durch diese Zeit der beruflichen Veränderung hindurchzutragen, und zweitens, ich bin ein sturer Mensch und muss die Veränderung jetzt zulassen. Ich habe also die Wahl: Entweder ich akzeptiere die Veränderung und werde alles relativ leicht überstehen oder ich kämpfe gegen die Veränderung an und werde ein langes und schweres Jahr durchmachen.

Ich, Pam, hatte in dieser Zeit der Veränderung ein besonderes Erlebnis, während ich im Gottesdienst der Predigt lauschte. Während ich zuhörte, kam mir plötzlich der Vers: *„Dies ist der Weg, den geht!“* (Jesaja 30,21; ELB)). Ich habe diesen Vers nicht laut gehört. Es war vielmehr so, als ob Gott ihn mir ins Ohr geflüstert hätte. Ich hatte diese Bibelstelle schon ein paar Mal zuvor gehört und gelesen, aber noch nie hatte mich dieser Vers so bewegt wie in dieser Situation. Ich glaube, Gott hat mir dieses Wort gegeben, um Bills Berufung zu bestätigen und um mir in dieser neuen Lebenssituation Mut zu machen.

Sie müssen nicht darauf warten, dass Gott Ihnen Ihr Lebensmodell bestätigt. Lesen Sie aber immer wieder in der Bibel. Dann wird Gott Sie sanft mit dem Schwert des Geistes berühren.

HERR, ich will dein Wort lesen. Bitte hilf mir, mich zu verändern, wenn mich deine Wahrheit behutsam dir und meinem Partner näher bringt. Amen.

53. Tag

Warum streiten wir?

Tut das alles ohne Murren und langes Hin- und Herreden! Ihr sollt ja rein und fehlerlos sein und euch als Gottes vollkommene Kinder erweisen mitten unter verirrten und verdorbenen Menschen.

Philipper 2,14-15 (GNB)

In unserem Buch *Männer sind wie Waffeln – Frauen sind wie Spaghetti* scherzen wir über das Wort „Meinung". Bei einem Streit kann einem schon mal in den Sinn kommen: „*Ich hab meine Meinung und du hast deine Deinung*", besonders wenn der Partner nicht merkt, dass er unrecht hat.

An dem Sprichwort ist schon etwas dran, denn wenn man auf seiner Meinung beharrt, kann man leicht in Streit geraten. Und wir sind beide in Familien aufgewachsen, bei denen Meinungsverschiedenheiten auf der Tagesordnung standen. Einmal stritten wir uns eine Stunde lang darüber, ob der Chevrolet, den mein (Pams) Vater fährt, aus dem Baujahr 1958 oder 1959 stammt.

Paare können leicht in eine Streitspirale geraten. Dann scheint regelrecht ein Wettstreit ausgebrochen zu sein. Als wir heirateten, hätten wir dieses Muster aus unseren Familien einfach übernehmen können, aber wir haben uns bewusst dagegen entschieden, weil unnötige Diskussionen Zeitverschwendung sind und eine Beziehung zerstören können. Stattdessen wollen wir nach den Maßstäben der Bibel handeln, nach dem Prinzip: „Wir überlassen unsere Wortwahl dem Heiligen Geist". Wir sind davon überzeugt, dass dies Gottes Wille ist, denn in der Bibel steht:

- *„Stell eine Wache vor meinen Mund, einen Posten, der meine Lippen bewacht!"* Psalm 141,3 (NeÜ)

- *„Wer den Mund hält, bewahrt sein Leben, wer ihn aufreißt, dem droht Verderben."* Sprüche 13,3 (NeÜ)

- *„Die Pläne des Herzens sind Sache des Menschen, aber die rechte Antwort der Zunge kommt von dem Herrn."* Sprüche 16,1 (SLT)

- *„Wer seinen Mund und seine Zunge behütet, der behütet seine Seele vor mancher Not."* Sprüche 21,23 (SLT)

- *„Wer über andere lästert, hat keinen Verstand, doch ein Verständiger hält seinen Mund."* Sprüche 11,12 (NeÜ)

- *„Wenn jemand sich für fromm hält, aber seine Zunge nicht im Zaum halten kann, betrügt er sich selbst, und seine Frömmigkeit ist nichts wert."* Jakobus 1,26 (NGÜ)

- *„Mit ihr [der Zunge] loben wir Gott, unseren Herrn und Vater; dann wieder verfluchen wir mit ihr andere Menschen, die doch als Ebenbilder Gottes geschaffen sind. So kommen Segen und Fluch aus demselben Mund. Und das, meine Freunde, darf nicht so sein! Sprudelt aus einer Quelle etwa frisches und bitteres Wasser zugleich? Pflückt man Oliven von einem Feigenbaum oder Feigen von einem Weinstock? Nein, und man kann auch kein frisches Wasser aus einem salzigen See schöpfen."* Jakobus 3,9–12 (NLB)

Nachdem wir also festgestellt haben, dass man erst denken und beten und dann sprechen soll, wollen wir einmal nachlesen, welche Worte wir aus welchen Gründen nicht sagen sollten:

- *„Die Worte der Gottesfürchtigen sind hilfreich, das Reden der Gottlosen aber verdreht die Wahrheit."* Sprüche 10,32 (NLB)

- *„Entferne Unwahrheit aus deinem Mund, die Falschheit von deinen Lippen!"* Sprüche 4,24 (NeÜ)

Wer *„die Wahrheit verdreht"*, „verschuldet sich moralisch"[22], und wer jemandem bewusst die Worte im Mund umdreht, weiß ganz genau, dass er sein Gegenüber damit schlecht macht.

Mit der *„Falschheit auf den Lippen"* ist im Grunde gemeint, dass jemand unaufrichtig ist. Manche Menschen wollen andere bewusst entmutigen, damit sie sich erniedrigt fühlen, und hoffen, sie damit zu ruinieren. Die Wortwahl steht in einem direkten Zusammenhang mit der Herzenshaltung bzw. den Handlungsmotiven. Was fühlten Sie tief in Ihrem Herzen, als Sie sagten, was Sie sagten? Denken Sie immer an Epheser 5,4 (NeÜ), besonders dann, wenn Sie mit Ihrem Partner reden: *„Auch Unanständigkeit, dummes Geschwätz und derbe Späße* *passen nicht zu euch. Benutzt eure Zunge lieber zum Danken!"*

Sie sollen Ihren Partner mit Ihren Worten also *weder beschimpfen noch blamieren.* Auch ist es dumm und völlig unnötig, ihn mit gemeinen Sticheleien zu verärgern.

Fiese Witze auf Kosten Ihres Partners zeugen nicht von Humor, sondern sind einfach nur erniedrigend.

Fragen Sie sich am besten immer: „Würden diese Worte meiner Mutter oder einem geistlich gesinnten Menschen gefallen?" Wenn nicht, gefallen sie Jesus wahrscheinlich auch nicht. Vermeiden Sie eine schlechte Wortwahl, denn sie macht die Liebe kaputt und zerstört damit letztendlich Ihre Ehe, weil Sie mit bösen Worten Ihren Partner herunterziehen und ihn kleinmachen.

Sie kennen sicher das Sprichwort: „Steter Tropfen höhlt den Stein". Wir erlebten einmal im Winter einen leichten Regenguss. Darüber freuten wir uns, denn unser Garten brauchte Feuchtigkeit. In einer gewissen Höhenlage fiel sogar Schnee, der die umliegenden Berge, die wir von zu Hause aus sehen konnten, weiß färbte. Das sah wunderschön aus.

Leider wurde in den niedrigeren Höhenlagen, da wo wir leben, aus dem leichten Regenguss ein tobendes Unwetter. Daraus entwickelte sich schließlich ein sintflutartiger Wolkenbruch, der auf den Berghang prasselte. Aus Pfützen wurden Bäche, aus Bächen Flüsse und aus Flüssen schließlich eine Überschwemmung. Und plötzlich rutschte unser schönes Gartengrundstück den Hang hinab. Von einer Sekunde auf die andere wurde es weggespült – so kam es uns zumindest vor. Doch zuvor hatte ein kleiner Regentropfen nach dem anderen die Erosion vorbereitet, ohne dass wir es wahrgenommen hatten. Wir bemerkten den enormen Schaden erst, als alles weggespült war.

Mit bösen Worten ist es ähnlich. Sie sind wie Regentropfen. Man hält gar nicht für möglich, was diese kleinen Tröpfchen anrichten können. Stück für Stück können sie Ihre Liebe wegspülen. Mit ständiger Kritik, verletzenden Worten, Spitzfindigkeiten, Hänseleien und Beschimpfungen richten Sie einen großen Schaden an. Vielleicht zerstören Sie dadurch sogar Ihre Ehe. Denken Sie daran: Reden ist Silber, Schweigen ist Gold

HERR, hilf uns, unsere Worte sorgfältig abzuwägen. Wenn wir etwas Falsches gesagt haben, wollen wir um Vergebung bitten und uns gegenseitig verzeihen.

Amen.

54. Tag

Geistgeleitet handeln

Wandelt im Geist, und ihr werdet die Begierde des Fleisches nicht erfüllen.

Galater 5,16 (ELB)

Jeder Christ hat einen inneren Kampf auszufechten. Das alte Ich kämpft gegen das neue Ich an. Das alte Ich ist unsere menschliche, selbstsüchtige Natur, die uns in die Irre führt. Das neue Ich ist unsere neue Identität, die uns der Heilige Geist verliehen hat. Sie ist nicht auf uns selbst, sondern auf unsere Mitmenschen gerichtet. Im Kolosserbrief stellt der Apostel Paulus das alte Ich dem neuen Ich gegenüber:

„Jetzt aber legt auch ihr das alles ab: Zorn, Wut, Bosheit, Lästerung, schändliches Reden aus eu-

rem Mund. Belügt einander nicht, da ihr den alten Menschen mit seinen Handlungen ausgezogen und den neuen angezogen habt, der erneuert wird zur Erkenntnis nach dem Bild dessen, der ihn erschaffen hat! Da ist weder Grieche noch Jude, Beschneidung noch Unbeschnittensein, Barbar, Skythe, Sklave, Freier, sondern Christus alles und in allen. Zieht nun an als Auserwählte Gottes, als Heilige und Geliebte: herzliches Erbarmen, Güte, Demut, Milde, Langmut! Ertragt einander und vergebt euch gegenseitig, wenn einer Klage gegen den anderen hat; wie auch der Herr euch vergeben hat, so auch ihr! Zu diesem allen aber zieht die Liebe an, die das Band der Vollkommenheit ist! Und der Friede des Christus regiere in euren Herzen, zu dem ihr auch berufen worden seid in einem Leib! Und seid dankbar!" Kolosser 3,8–15 (ELB)

Der Heilige Geist wird das alte Ich dem neuen Ich gegenüberstellen, um Sie in Ihrer Ehe anzuleiten. Es wird Ihnen auffallen, dass Ihr Partner manchmal wie sein altes Ich handelt. Dann ist er oder sie wütend, streitsüchtig oder einfach ängstlich. Wenn Sie das bemerken, wird der Heilige Geist Sie ermutigen, das Gegenteil zu tun. Dann werden Sie spüren, dass Sie auf die Wut Ihres

Partners mit Milde, auf den Streit mit Güte und auf die verletzenden Worte mit Erbarmen reagieren sollen. Wahrscheinlich sperren Sie sich zunächst gegen diese Weisung, weil diese Art der Reaktion ihren natürlichen Impulsen widerspricht, denn so zu reagieren, erscheint Ihnen unnormal. Außerdem machen Sie sich damit verletzbar.

Aber auch wenn es sich komisch anfühlt, so freundlich zu reagieren, geben Sie dem Heiligen Geist damit die Möglichkeit, das Herz Ihres Partners anzurühren, damit er sein Handeln überdenkt. Sie haben bestimmt schon bemerkt, dass es nicht hilfreich ist, Ihrem Partner sein Fehlverhalten aufzuzeigen, selbst wenn Sie damit Recht haben. Denn damit legen Sie ein Feuer, das Ihre Beziehung bedroht, aber keine Leidenschaft entfacht.

Versuchen Sie so zu reagieren, wie es der Heilige Geist Ihnen eingibt. In Kolosser 3 lesen wir, dass Sie als Christ den „alten Menschen ausgezogen" und „den neuen Menschen angezogen" haben. Sie haben immer die Wahl, wie Sie reagieren können. Das Fehlverhalten Ihres Partners ist wie ein Licht, das der Heilige Geist Ihnen zeigt, damit Sie positiv handeln.

Um nach dem neuen Ich zu reagieren, fragen Sie sich am besten: „Welche Verhaltensweise ist das Gegenteil von einem schlechten Benehmen?" Wenn Sie in Galater 5,22-23 (SLT) nachlesen, welche Früchte des Heiligen Geistes es gibt, dann erkennen Sie, welche Verhaltensweisen geistgeleitet sind, um zu einem guten Miteinander in Ihrer Beziehung zurückzufinden: *„Die Frucht des Geistes aber ist Liebe, Freude, Friede, Langmut, Freundlichkeit, Güte, Treue, Sanftmut, Selbstbeherrschung."*

Wenn Ihr Partner die Beherrschung verliert, dann beherrschen Sie sich. Wenn er schroff zu Ihnen ist, bleiben Sie sanft. Wenn er Sie vernachlässigt, dann bleiben Sie ihm treu. Wenn er böse ist, seien Sie lieb. Ist er unhöflich, dann bleiben Sie freundlich. Wenn Ihr Partner ungeduldig ist, seien Sie geduldig. Wenn er sich Sorgen macht, dann strahlen Sie Ruhe und Frieden aus. Wenn er wütend ist, dann denken Sie positiv und verbreiten Sie eine gute Stimmung. Bewahren Sie sich Ihre liebevolle und mitfühlende Art, auch wenn Ihr Partner abweisend und herzlos ist.

Die folgenden Tipps sollen Ihnen bei dieser schwierigen Herausforderung helfen:

- *Greifen Sie zu einem Synonymwörterbuch.* Wenn Sie Frieden verbreiten wollen, dann schlagen Sie das Wort „friedlich" nach. Dort finden Sie Stichworte wie ruhig, gelassen, bedacht, besonnen, gefasst, ausgeglichen und versöhnlich. Wenn Sie dann entsprechend reagieren, wird sich auch Ihr Partner beruhigen. Die Situation wird sich zumindest nicht verschlimmern, dafür werden Sie aber wahrscheinlich einer Ehekrise entgegenwirken.

- *Beten hilft.* Bitten Sie den Heiligen Geist um die richtigen Worte und Schritte. Hören Sie auf das Flüstern des Heiligen Geistes. Er wird Ihnen sagen, was Sie sagen und tun sollen bzw. was Sie nicht sagen und tun sollen.

Wenn Sie auf schlechtes Benehmen mit gutem Benehmen reagieren, motivieren Sie Ihren Partner, sich ebenfalls vom Heiligen Geist leiten zu lassen. Damit werden Sie gute Erfahrungen machen. Selbst wenn es länger dauert, bis Sie eine positive Veränderung in Ihrem Partner wahrnehmen, werden Sie sich durch Ihr gutes Verhalten die Früchte des Heiligen Geistes bewahren. Sie werden damit Ihre Ehe und Ihr Zuhause mit Liebe, Freude, Friede, Langmut, Freundlichkeit, Güte, Treue, Sanftmut und Selbstbeherrschung stärken.

Wenn Sie so handeln, werden Sie davor bewahrt, sich von diesem schlechten Verhalten mitreißen zu lassen. Wenn Sie ruhig auf dem Felsen der Wahrheit stehen bleiben, während Ihr Partner im Sumpf des schlechten Verhaltens einsinkt, dann wird Ihr gutes Verhalten der Rettungsgurt sein, mit dem Sie Ihren Partner retten können. Bitten Sie den Heiligen Geist heute um die Kraft, auf Böses mit Gutem zu reagieren.

HERR, leite uns in deinem Geist, damit wir auf das Fehlverhalten unseres Partners liebevoll reagieren können. Amen.

55. Tag

Außergewöhnlich freundlich

Die Einheimischen waren uns gegenüber ungewöhnlich freundlich; sie zündeten ein Feuer an und holten uns alle zu sich, weil es zu regnen begann und kalt war.

APOSTELGESCHICHTE 28,2 (EU)

Die Einwohner Maltas begegneten Paulus „ungewöhnlich freundlich". Wenn Bill und ich in der Beratung ein streitsüchtiges, ja feindliches Paar vor uns haben, denken wir manchmal: „Wie kann man nur so unfreundlich sein?"

In Kolosser 3,12 (LUT) steht, dass wir als Volk Gottes u. a. die Freundlichkeit anziehen sollen: *„So zieht nun an als die Auserwählten Gottes, als die Heiligen und Geliebten, herzliches Erbarmen, Freundlichkeit, Demut, Sanftmut, Geduld."*

Man kann die Freundlichkeit also „anziehen“. Genauso wie wir uns ein T-Shirt aus dem Schrank nehmen und es anziehen können, können wir uns auch dafür entscheiden, dass wir freundlich sein wollen. Außerdem bewahren Sie sich mit einem Lebensstil der Freundlichkeit auch die Romantik. Sagen oder tun Sie heute einmal etwas Mutmachendes. Seien Sie „ungewöhnlich freundlich“.

Die Liebe kann Sie dazu bringen, etwas besonders Freundliches zu sagen oder zu tun. Eines Abends, als wir noch in unseren Flitterwochen waren, hat Bill mir auch diese „ungewöhnliche Freundlichkeit“ erwiesen. Nach dem Duschen stellte ich mich vor den Spiegel und betrachtete kritisch meinen Körper. Während Bill seine frisch angetraute Frau vom Bett aus bewunderte, fing ich an, Bill all die Körperstellen aufzuzählen, an denen ich etwas auszusetzen hatte. Da geriet er in Panik. Er bekam Angst, dass ich all meine negativen Seiten aufzählen und daran verzweifeln würde und dass wir deshalb keinen Sex mehr haben würden. Ich ließ meinem Kummer ein paar Minuten freien Lauf, bis Bill es nicht mehr ertragen konnte. Er ärgerte sich, dass ich mit meinem Verhalten die Wahl, die er getroffen hatte (mich zu heiraten), hinterfragte. Denn mit meinem kritischen Verhalten machte ich nicht nur mich selbst schlecht, sondern ich unterstellte Bill, dass er einen schlechten Geschmack hätte.

Trotzdem fuhr Bill mich nicht an, sondern er betete: „Herr, lass mich Pams Spiegel sein."

Danach stand er auf, umarmte mich und bat mich, ihm in die Augen zu sehen. Er wurde sehr ernst und sagte ganz liebevoll: „Von nun an bin ich dein Spiegel und meine Augen werden deine Schönheit widerspiegeln. Pamela, du bist wunderschön. Du bist die perfekte Frau für mich und wenn du das je bezweifelst, dann sieh mich an. Dann werden dir meine Augen die Wahrheit widerspiegeln. Du bist für mich vollkommen. Und wenn ich erst alle Spiegel aus dem Haus schaffen muss, damit du mir das glaubst, dann werde ich das tun. Lass mich ab heute dein Spiegel sein."[23]

Jedes Mal, wenn wir dieses Erlebnis auf einer Konferenz erzählen, reagieren die Konferenzteilnehmer entweder mit einem herzlichen Applaus oder sie rufen „Oooooh!".

Das tun sie wahrscheinlich, weil diese Geschichte ein Beispiel für eine außergewöhnliche Freundlichkeit ist. Diese Geschichte hat Boomer und Lisa Reiff sogar zu dem Lied „I Will Be Your Mirror" inspiriert. Dazu gibt es inzwischen sogar ein Musikvideo, das zu unserem „*Männer sind wie Waffeln – Frauen sind wie Spaghetti*"-Ehehauskreis-Material gehört. Das Lied wird manchmal auch auf Hochzeiten gespielt und bringt viele Menschen dazu, außergewöhnlich freundlich zu sein.

Ich persönlich verbinde mit diesem Erlebnis die Erfahrung, dass meine Seele geheilt wurde, denn ich litt unter den bösen Worten und Taten meines Vaters, der nicht fähig war, mich so zu lieben, wie Gott es tut. Aber an diesem Tag, als unsere Ehe gerade begonnen hatte, half Gott Bill, meine kranke Seele mit seiner außergewöhnlichen Freundlichkeit zu heilen.

Eine Strophe aus dem Lied „I Will Be Your Mirror" gibt wieder, was ich erlebte, als ich diese außergewöhnlich freundlichen Worte hörte:

„Jetzt blickt sie zurück
auf ihr bisheriges Leben
und weiß, sein Geschenk der Liebe
wird ihr immer Halt geben."

Diese außergewöhnlich freundlichen Worte sind die Grundlage für eine besonders starke Liebe und für unsere Arbeit mit Menschen, die eine ebenso außergewöhnliche Freundlichkeit in ihrer Beziehung entwickeln wollen. Aber es soll nicht bloß bei Worten bleiben, sondern man muss auch Taten sprechen lassen. Bill war immer wieder außergewöhnlich freundlich zu mir, denn:

- Er hatte jahrelang zwei Arbeitsstellen, damit ich mit unseren kleinen Kindern zu Hause bleiben konnte.

- Er ist nachts aufgestanden, als die Babys schrien, damit ich schlafen konnte.

- Unzählige Male ließ er alles stehen und liegen, um meinen Computer – manchmal aber auch meine Gefühlswelt – wieder in Ordnung zu bringen.

- Obwohl er ein vielbeschäftigter Mann ist, hat er mich immer unterstützt.

- Er ist selbst ein wundervoller Vater und hat mir immer wieder dafür gedankt, dass ich eine so gute Mutter bin.

Ein Grund dafür, dass unsere Ehe hält, ist, dass ich ihn genauso außergewöhnlich freundlich liebe. In Ihrer Ehe kann es auch diese übernatürliche Freundlichkeit geben. Dafür müssen Sie nur den Heiligen Geist bitten, in Ihnen zu wirken. Also, tun Sie nicht nur das, was man von Ihnen erwarten würde. Seien Sie diese Woche mal außergewöhnlich freundlich.

HERR, lass mich außergewöhnlich freundlich sein und hilf mir, mehr für meinen Partner zu tun, als er erwartet. Amen.

56. Tag

Der Partner an unserer Seite

Ich danke meinem Gott, sooft ich euer gedenke […], und ich tue das Gebet mit Freuden –, für eure Gemeinschaft am Evangelium vom ersten Tage an bis heute; und ich bin darin guter Zuversicht, dass der in euch angefangen hat das gute Werk, der wird's auch vollenden bis an den Tag Christi Jesu.

Philipper 1,4–6 (LUT)

Wir Menschen denken, dass wir besonders viel leisten müssen. Wir verfolgen eine Sportsendung und denken, wir müssten auch so diszipliniert sein. Wir blättern Zeitschriften durch und meinen, wir müssten so aussehen wie die Models. Wir sehen die Nachrichten und glauben, wir müssten immer gut informiert sein. Wir passen auf unsere Enkelkinder auf und wollen die besten Großeltern sein, damit sie ihr volles Potenzial entfalten können. Und auch in unserer Beziehung stellen wir hohe Erwartungen an uns als Paar.

In Philipper 1,5 und in Jesaja 6 geht es auch um Partnerschaft bzw. Gemeinschaft. Einerseits sollen wir uns als Ehepartner jeden Tag voll und ganz für den anderen einsetzen und uns bemühen, neue Fähigkeiten zu erlernen, die unsere Beziehung stärken. Andererseits gibt es da noch einen anderen „Partner" an unserer Seite, der viel mehr für uns tun will, als wir uns vorstellen können:

> *„[Da] sah ich den Herrn. Er saß auf einem hohen Thron [...] und der Saum seines Gewandes füllte den Tempel. Über ihm schwebten Seraphim [...]. Sie riefen einander zu: ‚Heilig, heilig, heilig ist der Herr, der Allmächtige! Die Erde ist von seiner Herrlichkeit erfüllt!' Dieses Rufen ließ die Fundamente der Vorhalle erzittern und der Tempel wurde mit Rauch erfüllt."* Jesaja 6,1–4 (NLB)

Ist es nicht wunderbar, dass wir diesem großen Gott dienen dürfen? Niemand ist so mächtig, weise und zugleich mitfühlend wie er. Vor ihm erzittert die Erde. Wenn wir das lesen, denken wir zuerst: „Wir wollen ihm dienen." Aber dann wird uns bewusst, dass Gott unsere Hilfe eigentlich gar nicht braucht, denn verglichen mit ihm sind wir klein und schwach, ja wie Kinder. Uns fehlen manchmal die Worte und wir kommen immer wieder an unsere Grenzen. Trotzdem hat Gott uns als seine Partner ausgewählt, indem er uns in seinen Dienst beruft: *„Dann hörte ich den Herrn fragen: ‚Wen soll ich senden? Wer wird für uns gehen? [...]'"* (Jesaja 6,8; NLB)). Gott sucht Menschen, die seine Botschafter sein wollen.

Sie beide sind als Paar ein Licht für andere Menschen, allein schon, weil Sie sich lieben.

Tom und Barbara zum Beispiel sind ein ganz normales Paar, aber mit ihrer Liebe haben sie uns gestärkt, denn wir kommen beide aus problematischen Familien und müssen immer wieder aufpassen, dass wir nicht dieselben Fehler machen wie unsere Eltern. Aber Tom und Barbara haben uns gezeigt, wie eine gute Beziehung aussieht.

Mark und Sheri sind genauso liebevolle Menschen. Als ich das erste Mal schwanger war, baten sie uns, auf ihr Haus aufzupassen. Das war in einer Zeit, als wir ein sechswöchiges Praktikum in der Jugendarbeit machten und sowieso gerade keine Unterkunft hatten. Ihre Liebe und ihr Lachen waren so ansteckend und sie waren so freigiebig, dass wir eine ganz neue Vorstellung davon bekamen, wie man jemandem ein gutes Vorbild sein kann. Sie haben uns gezeigt, dass man mit Humor und

Großzügigkeit anderen Menschen helfen kann zu wachsen.

Ihre Mitmenschen sehen, wie Sie beide miteinander umgehen, und können dadurch ermutigt werden, aber nicht, weil Sie so begabt sind, sondern weil der Wunder vollbringende Gott Ihnen beiden dabei hilft. Denn obwohl Gott nicht auf uns angewiesen ist, wünscht er sich, dass wir von seiner Liebe, Gnade und unserem Lebenssinn erzählen. Dazu gibt er uns die nötige Kraft und Weisheit. Jesaja hat das verstanden und antwortete Gott ganz einfach: *„Hier bin ich, sende mich."* Jesaja 6,8 (NLB)

Danke, Jesus, dass du in deinem Plan einen Platz für uns hast. Bitte segne die Menschen, denen wir bezeugen, dass du der Herr bist. Amen.

57. Tag

Der Charakter der Liebe

Die Liebe hört niemals auf.

1. Korinther 13, 8 (LUT)

Wir sind nicht auf uns allein gestellt, sondern Gottes vollkommene Liebe will uns in der Liebe zu unserem Partner leiten.

Im Römerbrief steht:

„Und doch: In all dem tragen wir einen überwältigenden Sieg davon durch den, der uns ‚so sehr' geliebt hat. Ja, ich bin überzeugt, dass weder Tod noch Leben, weder Engel noch ‚unsichtbare' Mächte, weder Gegenwärtiges noch Zukünftiges, noch ‚gottfeindliche' Kräfte, weder

Hohes noch Tiefes, noch sonst irgendetwas in der ganzen Schöpfung uns je von der Liebe Gottes trennen kann, die uns geschenkt ist in Jesus Christus, unserem Herrn." Römer 8,37–39 (NGÜ)

Gott will uns damit klar machen, dass uns überhaupt nichts von seiner Liebe trennen kann. In diesem Wissen können wir trotz unserer Schwächen mutig durchs Leben gehen. Wir sind zwar als sterbliche Geschöpfe unvollkommen, aber mit Gottes vollkommener Liebe in uns können wir genauso sehr lieben wie er. Das Unmögliche wird möglich, weil uns Gottes unerschöpfliche Quelle der Liebe dazu befähigt.

In unserem Buch *Love, Honor, and Forgive* erzählen wir von Paaren, die sich zerstritten hatten und sich trennten oder scheiden ließen und die sich dann entgegen allen Erwartungen wieder versöhnt haben und sich lieben. Uns wurde unterstellt, dass wir diese Geschichten erfunden hätten, denn solche Paare würde es einfach nicht geben. Aber wir haben keinen fiktiven Roman geschrieben, sondern jedes einzelne Paar, das in unserem Buch vorkommt, befragt und sie haben uns erzählt, welche Wunder sie in der Liebe erlebt haben.

Irgendwann ist jeder einmal an dem Punkt angekommen, dass er sich ein Wunder in der Liebe wünscht. Dann kann Gott eingreifen, uns von unseren Ängsten befreien und unsere Liebe erneuern. Er hat die Macht dazu!

Wenn unsere Liebesbeziehung festgefahren ist, lesen wir in der Bibel nach, wie Gott den Begriff „Liebe" definiert, und beim Lesen fragen wir uns: „Wo fehlt es mir an Liebe?" Achtung, die Betonung liegt auf *mir*. Wenn das Feuer der Liebe wieder lodern soll, müssen wir es selber neu entfachen. Es bringt nichts, von unserem Partner zu fordern, dass er sich ändern soll, denn es steht uns nicht zu, ihn zu kontrollieren. Kontrollieren können wir nur uns selbst. Stattdessen müssen wir zulassen, dass Gott uns durch seinen Heiligen Geist zu seiner Liebe befähigt.

Lesen wir mal nach, welche Charaktereigenschaften Gott der Liebe zuschreibt:

> *„Die Liebe ist langmütig und freundlich, die Liebe eifert nicht, die Liebe treibt nicht Mutwillen, sie bläht sich nicht auf, sie verhält sich nicht ungehörig, sie sucht nicht das Ihre, sie lässt sich nicht erbittern, sie rechnet das Böse nicht zu, sie freut sich nicht über die Ungerechtigkeit, sie freut sich aber an der Wahrheit; sie erträgt alles, sie glaubt alles, sie hofft alles, sie duldet alles. Die Liebe hört niemals auf [...]."* 1. Korinther 13,4-8 (LUT)

Wünschen Sie sich eine liebevollere Beziehung? Dann gehen Sie selbst liebevoller mit Ihrem Partner um. Fragen Sie sich, welche Eigenschaften der Liebe bei Ihnen selber fehlen, und bitten Sie Gott, so zu lieben wie er.

Woran müssen Sie noch arbeiten?

- *Die Liebe ist langmütig:* Würde es Ihrer Ehe guttun, wenn Sie eine andauernde Leidenschaft oder die Bereitschaft zu warten entwickeln würden?

- *und freundlich:* Sind Sie einfühlsam genug?

- *die Liebe eifert nicht:* Können Sie Ihre Eifersucht ablegen?

- *die Liebe treibt nicht Mutwillen:* Wollen Sie versuchen, sich nicht nur auf sich selbst und Ihre eigenen Wünsche auszurichten?

- *sie bläht sich nicht auf:* Sind Sie stolz oder wollen Sie demütig sein?

- *sie verhält sich nicht ungehörig:* Sind Sie unhöflich, unanständig oder beleidigend? Wollen Sie lieber freundlich und barmherzig sein?

- *sie sucht nicht das Ihre:* Sehen Sie nur Ihr eigenes Leben oder streben Sie auch die Ziele Ihres Partners an?

- *sie lässt sich nicht erbittern:* Sind Sie schnell gereizt oder wollen Sie ruhig bleiben?

- *sie rechnet das Böse nicht zu:* Führen Sie Buch über die Fehler Ihres Partners? Oder wollen Sie dieses Fehlerverzeichnis lieber streichen?

- *sie freut sich nicht über die Ungerechtigkeit:* Sind Sie schadenfroh oder wollen Sie taktvoll und entgegenkommend sein?

- *sie freut sich aber an der Wahrheit:* Lassen Sie die Wahrheit auch dann zu, wenn sie einen Bereich Ihres Lebens aufdeckt, an dem Sie noch arbeiten müssen?

- *sie erträgt alles:* Ertragen Sie Ihren Partner? Tragen Sie sein Leid mit?

- *sie glaubt alles:* Glauben Sie Ihrem Partner, was er sagt? Vertrauen Sie ihm?

- *sie hofft alles:* Können Sie jeder Situation noch etwas Gutes abgewinnen? Sehen Sie das Licht am Ende des Tunnels? Können Sie sich trotz Ihrer Verzweiflung eine positive Haltung bewahren?

- *sie duldet alles:* Versuchen Sie, auch in widrigen Umständen zusammenzuhalten und alles gemeinsam durchzustehen?

- *Die Liebe hört niemals auf:* Streben Sie nach einer Liebe, die alle Stürme des Lebens übersteht und hält?

HERR, lass uns begreifen, was es bedeutet, zu lieben. Sei du unsere Quelle der Liebe und mache unsere Beziehung stark. Bitte hilf uns, wenn wir ein Merkmal der Liebe vernachlässigen. Amen.

58. Tag

Auf dem Spielfeld des Lebens

„Lasst uns mit Ausdauer in dem Wettkampf laufen, der uns aufgetragen ist, und dabei auf Jesus blicken, den Urheber und Vollender des Glaubens; er hat angesichts der vor ihm liegenden Freude das Kreuz auf sich genommen, ohne auf die Schande zu achten, und sich zur Rechten von Gottes Thron gesetzt. Denkt an den, der von den Sündern solchen Widerstand gegen sich erduldet hat; dann werdet ihr nicht ermatten und den Mut nicht verlieren. Ihr habt im Kampf gegen die Sünde noch nicht bis aufs Blut Widerstand geleistet."

Hebräer 12,1-4 (EU)

Meine Lieblingspredigt aus den fünfzehn Jahren, in denen Bill als Pastor diente, ist die über Jakobus 1,2–8. Sie handelt von den Prüfungen des Glaubens, denen wir auf dem Spielfeld des Lebens ausgesetzt sind. Diese Bibelstelle ermutigt uns dazu durchzuhalten, oder anders ausgedrückt, „mit Ausdauer in dem Wettkampf [zu] laufen“, wie es im Hebräerbrief steht.

Vergleichen wir den geistlichen Wettkampf doch einmal mit den Olympischen Spielen. Jakobus beschreibt, dass wir Christen mit denselben Schwierigkeiten zu kämpfen haben wie Sportler: *„Seid voll Freude, meine Brüder, wenn ihr in mancherlei Versuchungen geratet. Ihr wisst, dass die Prüfung eures Glaubens Ausdauer bewirkt. Die Ausdauer aber soll zu einem vollendeten Werk führen; denn so werdet ihr vollendet und untadelig sein, es wird euch nichts mehr fehlen.“* Jakobus 1,2–4 (EU)

Der Zweck dieser Prüfung in Vers 3 ist, sie zu bestehen. Stellen Sie sich einmal vor, Sie sind ein Football-Spieler. Der Trainer studiert Ihre Akte, überprüft Ihren Werdegang und macht sich mit Ihrer Spielerstatistik vertraut. Er erlebt Sie auf dem Spielfeld und sucht Sie tatsächlich für seine Mannschaft aus. Damit haben Sie die Aufnahmeprüfung bestanden.

Die von Jakobus erwähnten Versuchungen sind die, die Sie „auf dem Spielfeld“ erleben. Dort werden Sie vor Herausforderungen stehen, die Sie letztendlich stärker machen und durch die Sie geistlich wachsen können, um dann auf spätere noch größere Herausforderungen gut vorbereitet zu sein. Auch Paare, die gemeinsam gebetet haben „Ja, Herr, wir wollen das Licht der Welt sein und unserem Nächsten deine Liebe weitergeben", sind diesen Versuchungen ausgesetzt.

Die Jakobus-Bibelstelle erinnert an einen sportlichen Wettkampf. Vers 4 spricht zum Beispiel davon, „untadelig" zu sein. Das sind wir, wenn wir auf Gott hören, uns also an die Anweisungen des Trainers halten. „Vollendet" sind wir im sportlichen Sinne, wenn wir alle Körperteile für den Wettkampf einsetzen. Dann wird es uns „an nichts mehr fehlen", d. h., wir fallen in der Läuferfolge im Wettkampf nicht nach hinten zurück. Geistlich ausgedrückt bedeutet das: Gott trainiert uns in jedem Bereich unseres Lebens, damit wir nicht zu Fall kommen.

Ein Sportler stellt sich auf die Anstrengungen des Wettkampfes ein. Er trainiert unermüdlich, um seine Ausdauer zu steigern, denn erst am Ende des Wettkampfes, unmittelbar vor der Ziellinie kann er siegen. Er freut sich sogar auf den Wettbewerb, weil er so sein lang ersehntes Ziel erreichen kann.

Genauso geht es auch jedem Christen und jedem Paar, das den Glauben an Jesus Christus in der Welt verbreiten will. Sie alle werden Versuchungen ausgesetzt sein. Das sind gute Gelegenheiten, um Schwierigkeiten zu überwinden und auch in Zukunft positiv auf die Welt einzuwirken.

Wir sind als Paar auch diesen Schwierigkeiten ausgesetzt. In unserer Tretmühle als Referenten sind wir ständig auf Reisen, haben einen vollen Terminkalender und versuchen ständig, die Bedürfnisse vieler Menschen zu erfüllen. Dafür opfern wir viel Zeit, um anderen Paaren zu helfen, ihre Ehekrisen zu überstehen. Zeit, die wir sonst für uns als Paar hätten. Aber wir machen uns immer wieder bewusst, dass es das wert ist.

Unsere drei Söhne helfen uns, das richtig einzuordnen. Sie spielen alle Football und zwei von ihnen haben sogar ein Stipendium bekommen. Sie wollten immer auf dem Spielfeld sein und nicht die Bänke anwärmen. Jede Mannschaft braucht Angriff und Verteidigung. Unsere Söhne waren nach dem Spiel immer erschöpft, aber glücklich, körperlich geschafft, aber emotional in Höchstform, weil sie den Wettkampf bis zum Ende des Spiels durchgehalten hatten.

Uns als Paar geht es genauso. Wir wollen auf dem Spielfeld sein. Deshalb hat unsere Ehe auch schon 32 Jahre gehalten. Ob wir müde und erschöpft sind? Körperlich ja, jedenfalls meistens. Ob wir lieber vom Spielfeld gehen wollen? Auf keinen Fall!

Kommen Sie mit aufs Spielfeld und bitten Sie Gott, Ihre Ehe so zu gebrauchen, dass Sie seine Liebe und Gnade an andere Menschen weitergeben können. Wenn Sie Gott als Paar dienen, wird er Ihnen nach dem Abpfiff bei Spielende sagen: „Gut gemacht, meine treuen Diener!“ Sie werden sehen, es lohnt sich, ein Spieler in Gottes Mannschaft zu sein.

Herr, wir wollen bis zum Abpfiff auf dem Spielfeld bleiben und dir als Paar dienen. Amen.

Endnoten

1 Bill und Pam Farrel, *Red-Hot Monogamy* (Eugene, OR: Harvest House Publishers, 2006), S. 21-22. Ein ähnliches, aber kürzeres Buch von Bill & Pam Farrel ist auf Deutsch bei cap-books erschienen: Romantische Tipps für Frauen; ISBN 978-3-86773-221-5

2 Amber Madison, „Sex and Exercise: Sexercise?" *CollegeSexperts* (Blog), 22. August 2003, http://collegesexperts.blogspot.com/.

3 Pam Farrel, *52 Ways to Wow Your Husband* (Eugene, OR: Harvest House Publishers, 2011), S. 22-23.

4 Richard Glotzer und Anne Cairns Federlein. „Miles That Bind: Commuter Marriage and Family Strengths." *Michigan Family Review* 12, no. 1 (2007), „Two Case Studies in Commuter Marriage: Anne's Story."

5 James A. Swanson, *Dictionary of Biblical Languages with Semantic Domains: Greek (New Testament)* (Bellingham, WA: Logos Research Systems, Inc., 1997), E-Book.

6 „Redbook Magazine's ‚America's Hottest Husband,'" *The Talk,* CBS, 20. Januar 2012, http://www.cbs.com/show/the_talk/video/2188846560/the-talk-redbook-magazine-s-america-s-hottest-husband-.

7 *Strong's Greek and Hebrew Dictionary,* s.v. „5011, *tapeinos.*"

8 „How Does a Pressure Cooker Work?" *Miss Vickie's Pressure Cooker Recipes,* 8. März 2012, http://missvickie.com/workshop/howdoesit.html

9 Erschienen bei cap-books, ISBN 978-3-86773-185-0

10 Erschienen bei SCM, ISBN 978-3-7751-5176-4

11 John Walvoord und Roy Zuck, Hrsg., *The Bible Knowledge Commentary: An Exposition of the Scriptures* (Colorado Springs: David C. Cook, 1983), „Philippians 1:7."

12 Laurie Puhn, „Love and Sex: The Secrets of Close Couples," *Women's Health Magazine,* Januar/Februar 2011, S. 106.

13 Nathan Stone, *Names of God* (Chicago: Moody Press, 1944), S. 60.

14 A.W. Tozer, *The Knowledge of the Holy* (New York: Harper Collins, 1961), S. 1.

15 Henry Blackaby und Claude King, *Experiencing God* (Nashville: B&H Publishing Group, 2009), S. 209.

16 Pam Farrel, *Becoming a Brave New Woman* (Eugene, OR: Harvest House Publishers, 2012), S. 15.

17 Erschienen bei cap-books, ISBN 978-3-8677-3191-1

18 Anmerkung des Verlages: Eine passende Bibelstelle wäre Sprüche 5,18: „... und freue dich an der Frau deiner Jugend"

19 I. Howard Marshall et al., Hrsg., *New Bible Dictionary*, 3. Auflage. (Downers Grove, IL: InterVarsity Press, 1996), S. 217.

20 Vicki Heath, *Don't Quit Get Fit: Overcoming the 4 Fitness Killers* (Delight, AR: Gospel Light, 2011), S. 81.

21 Bill and Pam Farrel, *The Marriage Code* (Eugene, OR: Harvest House Publishers, 2010), S. 242-43.

22 Charles W. Draper et al., Hrsg., *Holman Illustrated Bible Dictionary* (Nashville, TN: Holman Bible Publishers, 2003), S. 1280.

23 Bill and Pam Farrel, *Men are Like Waffles—Women are Like Spaghetti* (Eugene, OR: Harvest House Publishers, 2000), S. 21.

Weitere Bücher von Bill und Pam Farrel

Bereit zu heiraten?

Das Buch für Verliebte

Lieben wir uns wirklich? Sind wir ähnlich, aber auch verschieden genug? Wie stabil sind wir emotional? Wer heiraten möchte, um ein ganzes Leben miteinander zu verbringen, hat viele Fragen und manchen Gesprächsbedarf. Dieses Buch lässt Paare ins Gespräch kommen und beleuchtet Themen, die man nicht ausklammern möchte.

Paperback, ca. 280 Seiten
Bestell-Nr.: 52 50467
ISBN 978-3-86773-220-8

Die 10 besten Entscheidungen, die eine Frau treffen kann

Finde deinen Weg mit Gott

Jede Frau muss Entscheidungen treffen, das ist nicht immer einfach. Oft werden die Dinge vernachlässigt, die das eigene Leben betreffen. Oder die Kräfte reichen nicht. Pam Farrel schreibt frisch und praktisch über zehn Lebensbereiche, die jede Frau entwickeln sollte, um ein erfülltes Leben zu leben.

Paperback, 308 Seiten
Bestell-Nr.: 52 50433
ISBN 978-3-86773-171-3

Die 10 besten Entscheidungen, die ein Mann treffen kann

Das Abenteuer, mit Gott zu leben

Jeder Mann muss Entscheidungen treffen. Für das eigene Leben, die Familie und den beruflichen Weg. Das ist oft schwer, und mancher geht lieber den Weg des geringsten Widerstandes. Bill Farrel bietet praktische Wege, um Entscheidungen zu treffen. Darüber hinaus gilt es, das Abenteuer und die Befriedigung zu entdecken, wenn ein Mann in Gottes Bestimmung lebt.

Die 10 besten Entscheidungen, die ein Ehepaar treffen kann

Unsere Beziehung neu entfalten

Jeder Ehepartner wünscht sich eine Ehe voller Wertschätzung und Glück. Aber eine Traumwelt gibt es nicht. Und doch gibt es viel, was ein Ehepaar entdecken und tun kann, um eine erfüllte Ehe zu erleben. In diesem Buch finden sich keine blumigen Erfolgsversprechungen und Garantien, sondern praktische Ideen und Schritte, die sich lohnen. Bodenständig, erprobt, lebensnah. Leicht zu lesen.

Paperback, 280 Seiten
Bestell-Nr.: 52 50460
ISBN 978-3-86773-185-0